Metafísica para ser feliz

Víctor Hernández

EDITORES MEXICANOS UNIDOS, S. A.

SERIE
METAFÍSICA

D. R. © Editores Mexicanos Unidos, S. A.
Luis González Obregón 5, Col. Centro.
Cuauhtémoc, 06020, Ciudad de México.
Tels. 55 21 88 70 al 74
Fax: 55 12 85 16
editmusa@prodigy.net.mx
www.editoresmexicanosunidos.com

Coordinación editorial: Mabel Laclau Miró
Portada: Carlos Varela
Formación y corrección: equipo de producción de
Editores Mexicanos Unidos, S. A.

Miembro de la Cámara Nacional
de la Industria Editorial. Reg. Núm. 115.

Edición 2017

ISBN (título)   978-607-14-1019-1
ISBN (colección)   978-607-14-1018-4

Impreso en México
Printed in Mexico

ISBN 978-607-14-1019-1

9 786071 410191

Índice

Introducción

Para muchas personas, la vida es una experiencia caótica y sin sentido, a la que han sido arrojadas sin la menor preparación y sin armas para enfrentar sus peligros. Tales personas viven con miedo a "lo que el destino pueda depararles" y sometiéndose mansamente a todo lo que les sucede. Si sus experiencias son dolorosas o negativas, le echan la culpa al "destino" o a Dios, entendido como un ser vengativo y rencoroso, siempre atento a nuestras fallas. Si las experiencias son positivas, viven en constante temor por lo que sucederá una vez que tales experiencias acaben. Sin embargo, la vida, lejos de ser un caos, está regida por una serie de leyes universales, cuyo conocimiento nos permite gobernar nuestra existencia y solicitar aquello a lo que tenemos derecho como seres de luz e hijos del Altísimo.

Existe un principio jurídico que dice: "La ignorancia de la ley no exime de su cumplimiento". Esto quiere decir que, aunque ignoremos que existe una ley, estamos obligados a respetarla, ya que de no hacerlo nos hacemos acreedores a la sanción correspondiente. Este principio también se aplica en el plano metafísico. Por ejemplo, aunque ignoremos que existe una Ley Cósmica de Causa y Efecto, ésta se cumple cuando hacemos una obra buena y después alguien nos ayuda cuando más lo necesitamos, o a la inversa: cuando hacemos mal a alguien y posteriormente sufrimos alguna desgracia.

Por lo anterior, es indispensable que conozcamos profundamente cada una de las Leyes Cósmicas y aprendamos a utilizarlas para nuestro crecimiento, tanto en el plano espiritual como en el material.

En la presente obra, estudiaremos todas estas leyes para aprender cómo funcionan y, lo que es más importante, cómo podemos aplicarlas en nuestra vida cotidiana para lograr la felicidad, el amor y la prosperidad.

Las Leyes Cósmicas

*"Los Principios de la Verdad son siete:
el que comprende esto perfectamente
posee la clave mágica ante la cual
todas las Puertas del Templo
se abrirán de par en par."*
El Kibalión

Una de las características más maravillosas del Universo es su perfecta armonía. Nada en él está de más: todo encaja a la perfección. Podemos observar que todo cuanto existe guarda una estrecha relación entre sí.

Durante siglos, el ser humano se ha preguntado cuáles son las leyes que gobiernan el Universo y le permiten mantener una maravillosa estabilidad, a pesar de su gran complejidad. Se han formulado toda clase de teorías tratando de explicar el porqué de todas las cosas. No obstante, la tradición de sabiduría ocultista nos dice que existen siete Leyes Universales que gobiernan todas las cosas, desde el movimiento de los astros hasta el desarrollo de la bacteria más pequeña. Pero tales leyes no sólo se aplican en el plano físico, sino también en el metafísico, es decir, en el que trascienden el ámbito de lo material. Estamos hablando del mundo de las ideas, del espíritu y de lo sutil. En efecto: las leyes que mantienen la armonía en el universo son las mismas que rigen nuestro espíritu y nuestro pensamiento. La única diferencia es que nosotros, como seres creados a imagen y semejanza del Creador, poseemos la capacidad de elegir si nos apegamos o no a tales leyes. Por desgracia, hasta muy recientemente, el conocimiento de estas leyes estuvo reservado para unos cuantos iniciados, que se encargaron de mantenerlo vivo y transmitirlo sólo a personas elegidas. Debido a ello, la gran mayoría de la gente ha vivido a ciegas. No obstante, en esta Nueva Era de sabiduría, se ha decretado que estos conocimientos sean revelados a todo aquel que quiera oírlos. Su conocimiento nos permite utilizarlos en nuestro beneficio, logrando así el crecimiento espiritual y material que nos corresponde.

Como lo indica el epígrafe de este capítulo, tomado de *El Kybalión*, las Leyes Cósmicas son siete:

- El Principio del Mentalismo
- El Principio de Correspondencia
- El Principio de Vibración
- El Principio de Polaridad
- El Principio del Ritmo
- El Principio de Causa y Efecto
- El Principio de Generación

En las páginas siguientes los estudiaremos con detalle.

El Principio del Mentalismo

Este principio enseña que Dios, que es la Mente Universal creadora de todo cuanto existe, ha querido que su creación comparta su esencia divina. Dado que Dios es espíritu puro, el Universo entero —incluida la materia en sus estados más palpables— en realidad es espíritu, ya que comparte esa característica con su Creador.

Este principio explica claramente los diversos fenómenos psíquicos que han dejado pasmados a los investigadores y a la gente común a lo largo de los siglos. Por ejemplo, si asumimos que hasta el metal más duro no es más que pensamiento, no es de sorprender que existan personas capaces de doblar metales con la sola fuerza de su mente. De igual manera, dado que la Mente Divina ve todos sus pensamientos simultáneamente, aquellos que han podido participar de ella son capaces de conocer el pasado, el presente y el futuro. Asimismo, fenómenos como la transmisión del pensamiento y la ubicuidad (capacidad para estar en más de un lugar a la vez, atribuida, por ejemplo, a Buda y a Santa Teresa) resultan explicables y naturales a la luz de esta enseñanza,

¿De qué manera podemos aplicar este principio en nuestra vida cotidiana? En primer lugar, si todo pensamiento es materia y toda materia es pensamiento, aquello que pensemos será lo que obtengamos. Es decir, si pensamos que nos irá mal en el trabajo, lo más probable es que, efectivamente, tengamos un día fatal en la oficina. Por el contrario, si pensamos que hace un excelente día, si vamos al trabajo creyendo firmemente que alcanzaremos nuestras metas, si tenemos confianza en quienes nos rodean, seguramente ese día será de gran provecho para nosotros.

Este principio también se aplica a cuestiones más concretas, como la salud y la enfermedad. Por ejemplo, ¿sabías que el 75% de las enfermedades son generadas por la mente? Si piensas que tal alimento engorda, que fulano tiene gripe y te ha contagiado, o que te darán reumas si caminas descalzo, existen muchas probabilidades de que acabes sufriendo esos padecimientos.

Lo anterior no quiere decir que no debamos cuidarnos, sino que, si pensamos positivamente, las energías negativas generadas por la enfermedad de los demás no podrán afectarnos. Quizás sea en el plano económico donde este principio se manifiesta de forma más notable. Si piensas que eres un perdedor, que tu salario no te alcanza para nada o que nunca podrás tener una casa o un coche propios, es muy posible que siempre tengas problemas económicos y que el dinero que ganas no te rinda. Observa, en cambio, a los grandes empresarios e inversionistas. Su trabajo consiste en hacer dinero, y ponen todos sus pensamientos en eso. El resultado: la gran mayoría de ellos son personas de gran solvencia económica.

El Principio de Correspondencia

Este principio metafísico nos enseña que "como es arriba, así es abajo; como es abajo, así es arriba". De acuerdo con esta enseñanza, el Creador, en su infinita bondad, quiso poner al alcance de nuestra inteligencia imperfecta toda su sabiduría, dándonos "pistas" para comprenderlo aun en los elementos más cotidianos. Así tenemos, como dice la Escritura, que "Dios creó al hombre a su imagen y semejanza". Esto quiere decir que la humanidad (que está "abajo en la Tierra") comparte la misma naturaleza divina de su Creador (que está "arriba en el Cielo").

En el ámbito material también podemos observar cómo se cumple este principio. Por ejemplo, observemos nuestro sistema solar. Éste se compone de nueve planetas que giran alrededor del Sol. Cada planeta gira por una ruta perfectamente establecida, de manera que es imposible que, en un momento dado, los planetas puedan chocar entre sí. Ahora, observemos la estructura del átomo. Éste está formado por un núcleo compuesto de protones y neutrones, alrededor del cual giran los electrones, describiendo rutas definidas que evitan que choquen entre sí, es decir, ¡como si el átomo fuese un sistema solar en miniatura! Esto nos demuestra cómo lo infinitamente grande se corresponde con lo infinitamente pequeño.

En nuestra vida cotidiana, este principio se relaciona estrechamente con el Principio del Mentalismo. Es decir, si nuestros pensamientos (que forman parte del ámbito superior, o sea, están "arriba") son armónicos y positivos, nuestras circunstancias físicas y materiales ("abajo") también lo serán; en cambio, pensamientos negativos o pesimistas traerán circunstancias negativas e inarmónicas. En nuestro cuerpo, la parte "superior" es la cabeza. Como sabemos, en ella se aloja el cerebro, que es donde reside la mente. Pues bien, de acuerdo con el Principio de Correspondencia, todo lo que ocurre arriba se reproduce abajo. En este caso, si alimentamos nuestra mente con información positiva, como la que obtenemos al leer un buen libro, o con expresiones de belleza como la buena música, la pintura, el teatro, etcétera, entonces el resto de nuestro organismo (es decir, nuestra parte "inferior") reaccionará a ello armonizándose y perfeccionándose. En cambio, si nuestra mente está llena de información inútil, de palabras vacías y de pensamientos destructivos, nuestro cuerpo reaccionará reflejando aquello que está en nuestra mente. En el plano económico sucede lo mismo: las actitudes e ideas positivas traen consigo la prosperidad material. Todos conocemos personas que un día se decidieron a montar un negocio y, a pesar de que las circunstancias les eran totalmente adversas, se mantuvieron firmes en su propósito y hoy gozan de una posición económica desahogada. Estas personas tuvieron que enfrentar problemas y fracasos, pero siempre lograron sobreponerse gracias a que tenían una actitud positiva y pensamientos elevados.

El Principio de Vibración

Este principio nos dice que todo en el Universo está en movimiento, que todo vibra. Es curioso observar que, al igual que los demás principios o Leyes Cósmicas, el Principio de Vibración fue deducido hace milenios por los sabios de antaño, pero no es sino hasta ahora, en pleno siglo XXI, que la ciencia ha "descubierto" este principio mediante los últimos adelantos en las teorías de la física.

"¿Pero cómo puede ser verdadero este principio —se preguntarán algunas personas— si, por ejemplo, vemos que las rocas son inmóviles? ¿Acaso este principio no es universal?" La respuesta nos la da la ciencia moderna. Actualmente, sabemos que todas las cosas están compuestas por átomos, los cuales están formados a su vez por tres elementos llamados protones, neutrones y electrones. Los dos primeros están unidos en el núcleo, mientras que los electrones giran alrededor de éste; es decir, se mueven. Asimismo, las partículas subatómicas están compuestas a su vez por otras partículas, y éstas por otras, y así sucesivamente, todas ellas en constante movimiento.

En aspectos más cotidianos, podemos ver cómo todo se va transformando debido a su movimiento interno. Nada es estático, todo está cambiando perpetuamente, es decir, todo se mueve. De igual manera, nuestra mente cambia y se transforma según nuestras experiencias y las enseñanzas que obtengamos de ellas.

El Principio de Vibración también nos indica que existen distintas intensidades de movimiento, llamadas frecuencias. Todo cuanto existe está en vibración perpetua, pero cada cosa vibra con una intensidad o frecuencia característica. Por ejemplo, la frecuencia a la que vibran los átomos que conforman las rocas es bajísima, por lo que, a simple vista, éstas parecen inmóviles.

En cambio, la frecuencia de cualquier sonido es tan alta que es imposible verla. Como sabemos, el ser humano posee una capacidad limitada para percibir las frecuencias que le rodean; así, existen silbatos especiales que sólo pueden ser oídos por los perros y otros animales, pero no por el hombre. De igual forma, en el espectro cromático existen colores cuya frecuencia es tan alta (ultravioleta) o tan baja (infrarrojo) que resultan invisibles para nosotros. Más allá de estas frecuencias conocidas por la ciencia, existen otras, infinitamente más altas o bajas, imposibles de percibir con los sentidos físicos.

A esta gama de frecuencias pertenecen los pensamientos. Un pensamiento positivo posee una frecuencia alta y armónica. En cambio, un pensamiento negativo mostrará una frecuencia baja y caótica. Dado que la naturaleza tiende a vibrar de manera armónica, los pensamientos positivos se amoldan a esta frecuencia, lo que nos produce sensaciones de bienestar, tranquilidad y felicidad. Al mismo tiempo, la vibración de nuestro organismo también se ajusta a esta frecuencia alta y positiva, lo que hace que nuestro cuerpo se mantenga sano y rejuvenecido. Los pensamientos negativos, por su parte, son discordantes con respecto a la frecuencia universal, y tienden a chocar con la vibración armónica natural. Este choque trastorna las vibraciones del cuerpo y de la mente, produciendo malestares físicos y espirituales, así como lo que denominamos "mala suerte", que no es más que una inadecuación con respecto a la vibración natural.

El Principio de Polaridad

Este principio nos enseña que todo en el Universo tiene dos polos, uno positivo y otro negativo, y que ambos se diferencian únicamente en cuanto a su grado de vibración. Un ejemplo claro es el del agua, que puede manifestarse en forma líquida, sólida (hielo) o gaseosa (vapor). En ningún caso deja de ser agua. Su estado depende del índice de vibración de sus átomos: si vibran a una velocidad extremadamente alta, el agua se manifestará como vapor (polo positivo); si lo hacen con extrema lentitud, el agua se congelará (polo negativo). Cabe señalar que al hablar de este principio, las palabras "positivo" y "negativo" se refieren únicamente a los extremos de una misma cosa.

El Principio de Polaridad también nos enseña que los polos o extremos siempre se tocan. Haz este experimento: toma un modelo del globo terráqueo y localiza tu ciudad. Si no tienes un globo terráqueo, puedes utilizar una pelota o cualquier objeto esférico, marcando en él un punto cualquiera. Ahora, traza una línea recta en cualquier dirección, respetando la curvatura del globo. Verás que cuanto más larga es la línea, más te irás acercando al punto de partida. Al final verás cómo los extremos de la línea se encontrarán en el mismo punto: ¡los extremos se tocan!

Como resulta evidente en estos ejemplos, el conocimiento del Principio de Polaridad nos ayuda a tener conciencia de la verdadera naturaleza de los conflictos, que en realidad no son tales, sino que son simples extremos de un mismo proceso. Esto nos lleva a ser más comprensivos y conciliadores, y, por ende, a vivir más tranquilos y a establecer relaciones interpersonales de mayor calidad. Asimismo, entenderemos que, entre ambos extremos, siempre existe el justo medio, proclamado por los sabios griegos como el camino de la virtud.

El Principio del Ritmo

Este principio nos enseña que "todo fluye y refluye, todo tiene sus periodos de avance y retroceso, todo asciende y desciende, todo se mueve como un péndulo; la medida de su movimiento hacia la derecha es la misma que la de su movimiento hacia la izquierda".

Como podemos ver, este principio está estrechamente relacionado con el Principio de Vibración, el cual señala que todo el Universo está en movimiento perpetuo. Pero este movimiento no es aleatorio, sino que obedece a un orden definido. Este orden se conoce en el lenguaje esotérico como la Ley del Péndulo, que indica que a un movimiento realizado en un sentido, le corresponde otro de igual magnitud pero en sentido contrario. Nuevamente, la física moderna ha "descubierto" este principio enunciándolo como sigue: "A toda acción corresponde una reacción de igual magnitud, pero en sentido inverso". En este aspecto, vemos cómo el Principio del Ritmo se relaciona también con el de polaridad: si el movimiento inicial se realiza hacia un polo cualquiera, el movimiento posterior será siempre hacia el polo contrario.

Podemos ver a diario cómo este principio se aplica en nuestro entorno cotidiano: el día siempre está precedido por la noche; al frío del invierno lo sucede la calidez de la primavera; a la vida le sigue la muerte, la cual a su vez es el preámbulo de una nueva vida.

Espiritualmente, el Principio del Ritmo nos dice que siempre existe una emanación seguida de una absorción. En este sentido, la vida humana es una emanación de la divinidad. Cuando termine nuestro ciclo en este plano cósmico, seremos reabsorbidos por el Creador, para ser nuevamente emanados y recomenzar nuestro ciclo en un plano distinto.

El conocimiento de este principio nos da un mayor control sobre nuestra propia vida y las circunstancias que nos rodean. Todos hemos tenido periodos o "rachas" en las que todo nos sale como lo habíamos planeado, seguidas por otras donde sentimos que la suerte nos ha abandonado. Si estamos verdaderamente conscientes de que todo es cíclico, no desesperaremos ante la adversidad; simplemente le daremos tiempo a que pase, pues estaremos seguros de que vendrán tiempos mejores.

El Principio de Causa y Efecto

Este principio nos enseña que no hay causa sin efecto, ni efecto que no provenga de una causa. Es decir, nada ocurre espontáneamente, ni en el plano físico ni en el espiritual. Todo sucede de acuerdo con esta ley. Por ejemplo, antiguamente se pensaba que los gusanos que aparecen en las frutas o en los cadáveres "nacían" espontáneamente.

No obstante, hoy sabemos que estos organismos son larvas, que salen de los huevecillos depositados en la tierra por distintos insectos y gusanos, las cuales se reproducen considerablemente al encontrar un ambiente propicio.

Este principio nos enseña también que la suerte no existe; todo lo que nos acontece en este momento, sea positivo o negativo, es simplemente una consecuencia de nuestra conducta anterior. Si ahora somos pobres, quizá se deba a que antes fuimos derrochadores; si estamos enfermos, será porque nuestros hábitos no han sido los indicados; si nuestra relación de pareja es satisfactoria, seguramente se debe a que hemos trabajado constantemente para que así sea.

Como reza el dicho: "Cada quien cosecha lo que ha sembrado". Es decir, nadie puede llevar una vida desordenada sin sufrir las consecuencias en su estado de salud, en sus finanzas personales, o en ambos. Nadie puede hacer el mal al prójimo y quedar impune. Asimismo, todo aquello que hayamos tenido que padecer injustamente nos será compensado, todo lo que nos haya sido arrebatado nos será devuelto, todo lo que se nos deba nos será pagado. Lo ha dicho el Maestro Jesús: "Yo os aseguro: nadie que haya dejado casa, hermanos, hermanas, madre, padre, hijos o hacienda (...) quedará sin recibir el ciento por uno".

Este principio es el verdadero secreto del éxito. Olvídate de los manuales y paquetes que intentan venderte "los secretos para la prosperidad" o fórmulas mágicas para alcanzar tus metas. Todas las personas que han alcanzado el éxito, ya sea en los negocios, en el deporte, el espectáculo o en la vida cotidiana, conocen y aplican este principio, aunque quizás lo hagan de manera inconsciente. Estas personas saben cuáles son los pasos que hay que dar para llegar a la meta deseada, es decir, saben cuáles son las causas que producen el efecto que están buscando. Un atleta sabe que, para romper una marca, debe concentrarse en ella y entrenar muy duro; el músico sabe que si desea llegar a la perfección en su interpretación, tiene que practicar largas horas; el inversionista sabe cuánto dinero debe invertir para obtener determinados rendimientos.

El conocimiento de este principio cósmico nos permite ver nuestras circunstancias desde una perspectiva diferente. Ya no nos sentimos víctimas de nuestro entorno, sino amos de nuestro destino. Nos damos cuenta de que lo que ahora nos ocurre no se debe a los designios de Dios, sino a nuestra conducta previa. Si deseamos lograr algo, sabemos qué es lo que debemos hacer para obtenerlo. Y, por el contrario, si deseamos evitar alguna circunstancia, también sabremos qué hacer para que no ocurra.

Este principio está estrechamente ligado al de polaridad y al del ritmo, ya que todo lo que hagamos en un sentido nos será devuelto en sentido contrario: no podemos esperar un trato amable si no tratamos con amabilidad a los demás; no podemos exigir que nuestros hijos digan la verdad si nosotros mentimos. De igual forma, todas nuestras acciones forman parte de la vibración universal, por lo que al inscribirlas en una frecuencia vibratoria positiva, generarán más vibraciones positivas que nos serán enviadas de regreso.

El Principio de Generación

Este principio cósmico nos dice que todo tiene su principio masculino y femenino. Es decir, todo en el universo surge a partir de dos principios opuestos, cuyo producto siempre es más que la suma de sus partes. Tomemos por ejemplo al ser humano. Para generar un nuevo ser, se requiere una célula masculina o espermatozoide, y una femenina llamada óvulo. El producto (el nuevo ser) es más que la suma de ambas células; es un ser humano completo e independiente de aquellos que le dieron origen.

En filosofía, este principio se conoce con el nombre de dialéctica. Todo argumento (tesis) tiene su contrario (antítesis) y la lucha entre ambos produce un nuevo elemento (síntesis), que representa un avance con respecto a los dos elementos anteriores. Es muy importante conocer y aplicar este principio en nuestra vida.

Todos los seres humanos hemos sido creados a partir de los principios masculino y femenino, por lo que ambos forman parte de nuestra naturaleza. Por esta razón, sería erróneo que, si eres varón, tratases de negar que tienes una parte femenina, o viceversa. Esta negación produce grandes conflictos psicológicos y físicos, ya que al hacer caso omiso de una de nuestras partes, bloqueamos la circulación de la energía correspondiente; por ejemplo, si una mujer no reconoce su parte masculina, tenderá a bloquear la energía del polo positivo que corresponde a su masculinidad.

En el varón ocurre lo mismo, pero en sentido inverso, es decir, tenderá a bloquear la energía del polo negativo. Recuerda que los bloqueos energéticos son causa de muchas enfermedades, desde el simple resfriado o el estreñimiento, hasta el cáncer y otros padecimientos graves. Asimismo, en nuestro trato con los demás es necesario que tomemos conciencia de nuestras dos partes. Por ejemplo, para comprender mejor a nuestra pareja, o a nuestros compañeros y amigos del sexo opuesto, es necesario contactar con nuestra parte femenina o masculina, según sea el caso.

En la vida cotidiana, es necesario saber utilizar este principio, ya que todo proceso de creación exige la participación de los principios masculino y femenino. Así tenemos, por ejemplo, que la creación científica, artística o filosófica requiere el empleo del pensamiento, que es actividad y movilidad (características masculinas), y de las emociones, caracterizadas por la receptividad y el reposo (que son cualidades femeninas). Esto se aplica también a la generación de la prosperidad material, de la paz y el amor.

* * *

Ahora que ya conoces las Siete Leyes o Principios Universales, te será más fácil comprender por qué las cosas son como son. Asimismo, ahora sabes que tu vida no es un caos, sino que mantiene un orden, y que tú eres el único que puede cambiar tu existencia.

Es aconsejable que repases varias veces las Siete Leyes, para que puedas entenderlas cada vez mejor y puedas empezar a aplicarlas en tu vida. Si algún concepto te parece extraño o incomprensible, déjalo y pasa al siguiente. Tu mente inconsciente digerirá aquello que de momento no comprendas. La próxima vez que lo leas, podrás entenderlo mejor.

Estos principios encierran una riqueza infinita. En los capítulos que siguen te presentamos métodos prácticos para aplicarlos en tu vida, de manera que puedas lograr la armonía, la paz, el amor y la abundancia que deseas y mereces como ser de luz e hijo del Altísimo.

Cómo utilizar nuestra mente

En esta parte, veremos cómo podemos aprovechar los Siete Principios para obtener aquello que requerimos y merecemos.

Cómo funciona el Principio del Mentalismo

Sin lugar a dudas, de los Siete Principios Cósmicos, el del mentalismo es el que más se relaciona con nuestra vida material e inmediata. Aplicándolo correctamente podremos obtener todo aquello que queremos y necesitamos.

¿Cómo funciona este principio? La psicología y la fisiología contemporáneas han descubierto que nuestro cerebro se compone de dos partes complementarias claramente definidas: el hemisferio izquierdo, que aloja a la mente consciente, y el hemisferio derecho, sede de la mente inconsciente. Nuestra mente consciente nos permite percibir nuestro entorno, las circunstancias ante las cuales reaccionamos y, en mayor o menor medida, nos hace darnos cuenta de nuestras propias motivaciones. También se encarga de manejar los procesos lógicos y racionales, nos permite expresarnos mediante la palabra hablada y escrita, y nos da la capacidad de evaluar nuestro entorno.

Por su parte, nuestro inconsciente es responsable de nuestras emociones, de la creatividad, de la imaginación, de los sueños, de los recuerdos y de los impulsos o reflejos asociados con ellos. Todas éstas son actividades que no podemos realizar conscientemente.

Nuestro hemisferio derecho tiende a pensar y a almacenar información en forma de imágenes y sensaciones. Es irracional y moralmente neutro, por lo que no le importa si lo que almacena es "bueno" o "malo", o si es "lógico" o "ilógico". Simplemente se limita a registrarlo. Asimismo, para él no existe el paso del tiempo; todo lo registra y lo recuerda como si hubiese sucedido hace pocos segundos, aunque en realidad hayan pasado meses o años. Asimismo, el inconsciente está estrechamente relacionado con la mente consciente. Tomemos, por ejemplo, el caso de un niño mordido por un perro. El chico tendrá un temor inconsciente a estos animales, pero evitará conscientemente acercarse a uno de ellos.

Ahora bien, el Principio del Mentalismo nos permite utilizar en nuestro provecho esta característica del inconsciente. Hemos visto que el inconsciente almacena nuestros recuerdos y sensaciones sin juzgarlos ni discriminarlos, y que nuestra mente consciente colabora con el inconsciente para mantener intactos esos recuerdos y sensaciones. Sin embargo, nuestra mente consciente también puede ayudar al inconsciente a liberarse de recuerdos inútiles y perjudiciales, o a deshacer relaciones negativas creadas en nuestra mente.

Una de las maneras de lograr lo anterior es crear una relación positiva para sustituir una negativa. Esto se logra de la siguiente manera:

1. Cierra los ojos y respira profundamente. Trae a tu mente alguna experiencia negativa que, hasta la fecha, te impida hacer alguna cosa. Puede ser que hayas acariciado a tu mascota y te haya mordido, por lo que ahora no soportas estar cerca de ningún animal. También puede ser que alguien se haya reído de ti en la escuela al hablar frente a la clase y desde entonces tengas miedo a hablar ante un grupo, o que al caminar por determinado rumbo te hayan asaltado y ahora no quieras pasar cerca de ahí.

2. Trata de sentirte exactamente como en ese momento: intenta percibir tu sorpresa y tu dolor al recibir la mordedura, la vergüenza al oír las risas de tus compañeros o el miedo al verte amenazado.

3. Ahora que has identificado exactamente el sentimiento que guardas, di en voz alta o mentalmente: "No lo acepto". No es necesario que lo grites ni que hagas ningún esfuerzo físico; basta con que lo digas con total convicción y firmeza. Haz conciencia de cada una de estas palabras y repítelas nuevamente, cada vez con mayor convicción.

4. La próxima vez que estés en una circunstancia que te provoque el sentimiento que identificaste (temor, vergüenza, miedo), repite "No lo acepto". Al hacerlo, tu inconsciente empezará a destruir esa asociación y a sustituirla con una sensación de firmeza y seguridad. Incluso tú mismo puedes provocar situaciones parecidas a las que te producen la sensación de incomodidad o miedo y comprobar el funcionamiento de esta técnica. Vuelve a pasar por la calle donde sufriste el asalto (¡siempre y cuando ello no represente un riesgo real de volver a ser asaltado!), vuelve a acariciar a tu mascota o habla frente a un grupo de personas. Si percibes la sensación, repite mentalmente y con firmeza "No lo acepto". Verás cómo la sensación incómoda se reducirá hasta desaparecer por completo. Con el paso del tiempo, ya no tendrás ni siquiera que utilizar la técnica, pues tu inconsciente habrá eliminado la asociación destructiva y la habrá sustituido por una sensación de seguridad.

Si tu problema es que sientes odio hacia alguien que te hizo daño en el pasado, o si has llegado a tener miedo a esa persona, existe una variación de la técnica anterior que te ayudará a eliminar ese sentimiento negativo.

1. La próxima vez que tengas que ver a esa persona, date un momento para revivir la situación que te hizo odiarla o temerla. Trata de experimentar la sensación que experimentaste en ese momento, y que ahora se encuentra grabada en tu inconsciente.

2. Habiendo identificado exactamente la sensación, ahora vas a sustituirla conscientemente por una sensación positiva. Trae a tu memoria algún momento placentero que disfrutaste junto a esa persona. Puede ser que cuando la conociste, te resultó simpática, interesante, agradable... Busca en tu memoria alguna sensación agradable respecto de esa persona.

3. Si no te es posible encontrar ningún recuerdo positivo, ya sea porque nunca compartiste nada agradable con esa persona o porque el recuerdo no es lo suficientemente intenso, piensa en él o en ella como un ser humano, hijo del Padre celestial al igual que tú. Ve a esa persona como alguien tan falible y tan necesitado de amor y comprensión como tú mismo. Mírala con el mismo amor y piedad con que verías a tu propio hermano o hermana.

4. Haz lo mismo cada vez que tengas que estar con esa persona. Verás que, con el paso del tiempo, tu inconsciente irá sustituyendo el odio o el temor con esa sensación de regocijo y de paz que tú mismo has provocado.

Decretos, afirmaciones y oraciones

Las técnicas anteriores nos permiten aprovechar uno de los aspectos del Principio del Mentalismo: el poder del inconsciente. Pero hay más: este principio también nos enseña que las ideas son cosas y que todo aquello que pensamos será lo que obtengamos. Por lo tanto, el ser humano tiene la capacidad de matenalizar sus pensamientos. Por ejemplo, si en una reunión ves a una persona que te gusta, pero piensas "nunca me hará caso", lo más seguro es que ni siquiera te atrevas a hablarle. Y si, finalmente lo haces, es muy probable que, efectivamente, no te haga caso. Esto se debe a que inconscientemente has pedido que la persona en cuestión te ignore. Pero esta capacidad de materializar nuestros pensamientos también nos sirve para obtener cosas positivas. Los atletas y sus entrenadores saben esto mejor que nadie. ¿Has observado cómo el entrenador motiva a su pupilo antes de la competencia diciéndole "Eres el mejor" o "Tú puedes", o cómo los equipos se reúnen antes de salir a la cancha para gritar consignas, meditar o decir oraciones? En realidad, lo que están haciendo es programar su mente inconsciente para obtener lo que desean, en este caso, el triunfo deportivo.

El Maestro Jesús ha dicho: "Pedid y recibiréis, buscad y encontraréis, llamad y se os abrirá" (Lucas 11:9). Pero, ¿cómo debemos pedir para recibir lo que necesitamos? En metafísica existen tres métodos de eficacia comprobada con los cuales podemos obtener lo que deseamos. Estos métodos son:

- Los decretos
- Las afirmaciones
- Las oraciones

Veamos con detalle cada uno de ellos.

Los decretos

Un decreto es una orden dada por una autoridad, cuyo cumplimiento es obligatorio. La palabra en sí nos da la idea de que quien decreta tiene la potestad para hacerlo y que su voluntad debe ser respetada. En metafísica, la palabra *decreto* tiene el mismo significado, es decir, también es una orden dada por quien tiene la autoridad para hacerla cumplir. Sin embargo, en este caso no se trata de las órdenes que da un agente externo para que nosotros las cumplamos, sino de las órdenes que nosotros mismos damos para que tengan un efecto en nuestra propia vida.

Hemos visto que el Principio del Mentalismo señala que todo es mente y que todo aquello que pensemos será lo que obtengamos. Sin embargo, el ser humano manifiesta sus pensamientos de manera verbal, construyendo frases que expresen lo que quiere decir. Es por eso que, cuando deseamos algo, decimos "quisiera tener una casa" o "desearía tener un coche", es decir, manifestamos verbalmente nuestro deseo.

Los decretos metafísicos son exactamente eso: la manifestación verbal de un deseo, pero con un elemento extra: la orden de que nuestro deseo se cumpla. Si decimos, por ejemplo: "Hoy estaré tranquilo y no permitiré que la tensión, ni el mal humor ni la desesperanza afecten mi relación con los demás", estamos ordenando a nuestro inconsciente que haga exactamente lo que le pedimos, por lo que todo ocurrirá según nuestro decreto.

¿De dónde nos viene la autoridad para hacer decretos? Seguramente has oído la frase "El ser humano es el rey de la creación". Pues bien, esta condición de soberanos nos confiere el derecho a decretar todo aquello que deseamos que suceda en nuestra vida, trátese de posesiones materiales o de bienes espirituales. Esto se debe a que nuestro Padre celestial ha querido compartir con nosotros su naturaleza creadora, por lo que ha hecho que nosotros también seamos creadores de nuestras propias circunstancias y colaboremos con Él en la continua creación del mundo.

Cómo hacer un decreto

Para que nuestros decretos sean realmente eficaces, deben estar sustentados por una buena dosis de *fe*. Esta palabra ha sido malinterpretada durante siglos. Se nos ha hecho creer que la fe consiste en creer ciegamente lo que otros nos dicen. Pero tener fe es en realidad estar seguros de que el Padre celestial nos escucha y nos concederá lo que le pedimos. Sin embargo, hay que tener en cuenta que, para que Dios nos conceda verdaderamente nuestra petición, ésta debe estar situada en la misma frecuencia que la vibración divina.

¿Recuerdas el Principio de Vibración? Al hablar de él decíamos que todo cuanto existe en el Universo se mueve continuamente y emite una vibración o frecuencia característica. Mencionamos también que los pensamientos positivos vibran a frecuencias muy elevadas, armónicas y positivas, mientras que los pensamientos negativos son discordantes y de frecuencias bajas. Pues bien, si Dios es la Mente Universal, es lógico que sus pensamientos tengan frecuencias elevadísimas y divinamente armónicas. Por lo tanto, al hacer algún decreto es necesario que éste sea la expresión de un pensamiento elevado. Iría en contra de toda lógica pensar que Dios hará que algo malo le suceda a alguien que nos desagrada por el solo hecho de que se lo pidamos. Dios es el bien supremo, por lo que no puede actuar negativamente a pesar de nuestros decretos.

Las siguientes son algunas recomendaciones prácticas para realizar correctamente un decreto.

1. Es conveniente que los decretos se hagan en voz alta. Como mencionamos, la palabra es la manifestación externa de un pensamiento, por lo que su potencia es mayor que la del pensamiento solo. Sin embargo, si te encuentras en un lugar público o hay alguna circunstancia que te impida decir el decreto en voz alta, puedes hacerlo mentalmente, siempre que sea con una convicción y una fe inconmovibles.

2. Si estás en casa, lo más adecuado es que dediques aunque sea un momento únicamente a emitir tu decreto. Si vives con alguien, explícale tu decisión y pídele que no te interrumpa durante esos breves momentos. Si vives solo, descuelga el teléfono y evita cualquier otra interrupción.

3. También es conveniente crear un ambiente propicio para sintonizar nuestros pensamientos en la frecuencia divina. Puedes prender incienso y elaborar un pequeño altar doméstico, en el que puedes colocar flores, velas, un vaso con agua, cuarzos o cristales e imágenes de los Maestros Ascendidos. Si haces el decreto en favor de una o varias personas, puedes colocar su retrato en tu altar.

4. Para comenzar, es necesario que estés relajado. Respira profundamente varias veces y libera tu mente de las preocupaciones de la vida diaria. De otra manera, las vibraciones discordantes de estos pensamientos interferirán con tu decreto.

5. Puedes hacer tu decreto estando de pie o sentado. En cualquier caso, es importante que no cruces las piernas ni los brazos, pues al hacerlo estarás interrumpiendo la libre vibración de tu cuerpo y te será más difícil sintonizarte con las frecuencias elevadas. Debes mantener la columna

recta y la cabeza erguida, de manera que tus palabras fluyan libremente por tu garganta.

6. Antes de recitar el decreto, es recomendable que pidas al Padre su protección contra cualquier energía inferior que pudiese interferir en tu decreto. Puedes decir, por ejemplo: "Amado Padre celestial, te pido tu divina protección para estos decretos; que ninguna vibración inferior interfiera con ellos y que se ajusten a tu santa voluntad. Que así sea". También puedes invocar la protección de algún Maestro Ascendido, como el arcángel Miguel, el Maestro Saint Germain, o cualquier otro ser de luz que te inspire una particular devoción.

7. Si conoces el decreto de memoria y estás sentado, puedes colocar las manos en los muslos con las palmas hacia arriba, uniendo las puntas de los dedos índice y pulgar y estirando los demás dedos. Esta postura de las manos nos ayuda a conectarnos con la energía universal.

8. Si vas a realizar el decreto leyéndolo de este libro, colócalo frente a tus ojos de manera que no tengas que inclinar la cabeza, pues eso obstruye la garganta e impide la libre vibración de tu cuerpo.

9. Al terminar, agradece a Dios por haberte escuchado y por haber puesto en marcha los mecanismos para hacer que tu decreto se vuelva realidad. Puedes decir, por ejemplo: "Gracias, Señor, pues ya has dado la orden de que este decreto se manifieste".

En los capítulos siguientes te presentamos modelos de decretos para manifestar cosas o situaciones concretas en los ámbitos de la armonía, la paz, el amor y la abundancia.

Las afirmaciones

Hemos visto que los decretos son órdenes que emitimos para que aquello que deseamos se manifieste en nuestro universo. Las afirmaciones, por su parte, se refieren a cosas que ya son, pero de las cuales no estamos conscientes o no las hemos aceptado. Por ejemplo, suponte que estás frente a un grupo de personas y que te han pedido que te presentes. Tú dices "Hola, soy Juan y soy médico". No estás "decretando ser Juan y dedicarte a la medicina", sino que estás afirmando quién eres y a qué te dedicas.

Lo más normal es que no andes todo el día pensando "soy Juan, soy Juan", sino que hagas conciencia de ello sólo cuando alguien te lo pregunta o cuando tienes necesidad de hacerlo, como cuando una persona dice: "¿Hay algún médico aquí?"

Entonces responderás afirmando "Yo soy médico" e irás a atender al paciente. En el plano metafísico, las afirmaciones nos sirven para tomar conciencia de nuestra naturaleza divina, con todo lo que esto conlleva. Al igual que en el ejemplo anterior, lo más probable es que no estemos pensando todo el día que somos hijos del Altísimo y, por lo tanto, seres de luz, por lo que es necesario que lo recordemos de vez en cuando, o que lo aprendamos si es que no lo sabemos.

La afirmación por excelencia es la que Dios mismo hizo a Moisés en el desierto de Judá: "Yo soy el que es" (Éxodo 3:14). Como hemos visto, nosotros compartimos la Esencia Divina, por lo que también podemos afirmar sin temor "Yo soy el que es", o simplemente, "Yo soy". Esta afirmación nos sirve para tomar conciencia de nuestra naturaleza divina y para obrar de acuerdo con ella. Existen otras afirmaciones que nos ayudan a adquirir conciencia de nuestro entorno y del amor que Dios nos tiene, así como a no perder de vista que el Universo actúa según los principios metafísicos que hemos estudiado y que, por lo tanto, nosotros somos los arquitectos de nuestro propio destino.

Cómo hacer una afirmación

Las sugerencias para hacer decretos que te presentamos en el apartado anterior también son válidas para la creación de afirmaciones. Es necesario que estés relajado y que evites las interrupciones. También es conveniente que dediques un tiempo y un espacio, aunque sean mínimos, a esta actividad. Asimismo, debes pedir la protección del Altísimo o de los Maestros Ascendidos, y dar gracias al terminar.

Un aspecto importantísimo al hacer afirmaciones es tomar conciencia real de cada una de las palabras. Por ejemplo, si vas a hacer una afirmación de paz, podrías decir: "Yo soy paz e irradio paz a mi entorno y a las personas que me rodean". En este caso, es indispensable que verdaderamente creas y sientas que tú eres paz y que la irradias a tu alrededor. Volviendo al ejemplo con el que iniciamos este apartado, si alguien te pregunta quién eres, no dudas o titubeas al responder. Esta misma certeza y seguridad son las que debes tener al hacer una afirmación metafísica de cualquier tipo. Aquí tampoco vale la fuerza con que digas la afirmación; lo importante es que lo hagas con toda la convicción de que seas capaz. Más adelante veremos diversas afirmaciones que te ayudarán a no olvidarte de tu naturaleza divina.

La oración

La oración es el diálogo directo con Dios. Es hablar directamente con Él para alabarlo, exponerle nuestras necesidades y solicitarle su ayuda, como lo haríamos con nuestro propio padre terrestre o con el mejor de nuestros amigos. No significa repetir fórmulas mecánicamente ni aprovechar la ocasión para reclamarle o quejarnos con

Él. Es un momento especial en el que, además de hablarle a Dios, también escuchamos lo que Él tiene que decirnos.

Cómo orar

Para ser efectiva, la oración debe tener ciertas características. Éstas son:

Humildad. Debemos dirigirnos al Padre celestial pidiendo las cosas por favor y dando las gracias. Si bien es cierto que Dios no necesita nuestra amabilidad, también es verdad que a Él le agradan las personas humildes y sencillas. Pero ¡atención!, ser humilde no significa ser tímido ni apocado. Ser humilde significa, simplemente, tener conciencia de nuestro lugar en el Universo. Y nuestro lugar es el de hijos privilegiados del Altísimo. Por lo tanto, debemos dirigirnos a Él como sus hijos amorosos.

Confianza. Orar confiadamente significa dejar todo en manos de Dios. Él, en su infinita sabiduría, conoce cuál es el momento oportuno para concedernos lo que le estamos pidiendo. De igual manera, sabe si lo que le pedimos se apega a las Leyes Cósmicas, o si sería más conveniente para nosotros recibir una enseñanza distinta a la que le estamos solicitando.

Perseverancia. Hemos dicho que Dios sabe cuál es el momento más propicio para enviarnos aquello que le pedimos. Por ello, es importante no desfallecer en nuestras oraciones. El hecho de que no recibamos de inmediato lo que estamos solicitando no quiere decir que Dios no nos escuche. Simplemente, está esperando el mejor momento para darnos la sorpresa. Asimismo, la perseverancia es sinónimo de confianza. Por eso, al orar debemos perseverar y tener la confianza en que Dios atenderá nuestras peticiones.

Al igual que con los decretos y las afirmaciones, conviene que dediques unos instantes del día a la oración. También resulta adecuado que lo hagas en un momento y en un lugar en que tus pensamientos puedan sintonizarse con la vibración divina.

Si te resulta adecuado, puedes utilizar oraciones tradicionales, como el Padre Nuestro. Si crees que ésta es una forma demasiado mecánica de orar, a continuación te presentamos una alternativa:

1. Cierra los ojos, respira profundamente y relájate.

2. Imagina que estás en la divina presencia del Padre. Toma conciencia de que Él siempre ha estado contigo y sabe cuáles son tus necesidades y tus anhelos. Por ello, no necesitas hablar ni expresar nada verbalmente.

3. Trata de sintonizar tus vibraciones con las que emanan de la Presencia Divina y escucha lo que Él tiene que decirte. No esperes escuchar palabras, pues Dios habla directamente a tu corazón.

4. Cuando sientas que el Señor te ha hablado, agradécele su infinita bondad y adquiere conciencia de su presencia en tu corazón.

5. Abre los ojos y regresa lentamente a tu actividad cotidiana, sintiendo la Presencia Divina dentro de ti.

En los siguientes capítulos te presentaremos ejemplos de decretos, afirmaciones y oraciones que te servirán para obtener la armonía, la paz, el amor y la abundancia que te corresponden como hijo o hija del Altísimo.

Armonía

_____•_____

Hemos visto que, de acuerdo con el Principio de Vibración, todo en el Universo está en movimiento perpetuo, es decir, todo vibra. La frecuencia de esta vibración determina la forma en que se manifiesta cada elemento.

En él ámbito de la metafísica, también tenemos que todo se mueve, aunque su frecuencia es muchísimo más alta o baja que lo que podemos distinguir con nuestros sentidos. Por ejemplo, nuestros pensamientos, sentimientos y emociones también generan vibraciones. Es en este campo donde entra en juego el concepto de armonía.

La armonía es la adecuada disposición y correspondencia de las partes entre sí y con respecto al todo. Por ejemplo, un jardín armonioso es aquel donde cada planta, cada flor y cada árbol tienen las características precisas y se encuentran en el sitio que les corresponde. El conjunto resulta agradable a los sentidos e invita a la relajación y a la contemplación.

Lo mismo ocurre con una pintura armoniosa, una comida armoniosa, etcétera. En el campo de las vibraciones, la armonía se manifiesta en formas más sutiles. Tomemos como ejemplo la música. En una orquesta sinfónica, todos los instrumentos deben estar perfectamente afinados, es decir, deben producir vibraciones sonoras óptimas. Asimismo, la partitura está diseñada de tal forma que los sonidos que producen, por ejemplo, los violines, se acoplen correctamente con los que producen el resto de los instrumentos. Si uno solo de los instrumentos está desafinado o si uno solo de los músicos comete el más mínimo error en su interpretación, toda la pieza musical se vendrá abajo.

Ocurre lo mismo con las áreas vibratorias más sutiles, como las de los pensamientos, sentimientos y emociones. ¿Alguna vez has entrado a una habitación llena de gente y, repentinamente, te has sentido a disgusto, incómodo o extraño, aparentemente sin motivo? Por lo general, esto se debe a que tus vibraciones están chocando con las de las demás personas que están en la habitación. Posiblemente, algunas de ellas se encuentren molestas, ansiosas o angustiadas, lo que genera una especie de "ruido" en el ambiente. Si permaneces el tiempo suficiente en esa habitación, lo más probable es que tus vibraciones se adapten a las de los demás y acabes sintiéndote enojado, ansioso, etcétera.

Las vibraciones producidas por la naturaleza, como el canto de los pájaros, el sonido del viento, la luz del sol, etcétera, tienen frecuencias armónicas y uniformes. Por su parte, las vibraciones producidas por las máquinas, las radiaciones generadas artificialmente, el ruido y otros elementos no naturales tienden a ser discontinuas e inarmónicas.

De igual manera, el tipo de vibraciones generadas por nuestros pensamientos, sentimientos y emociones depende de la calidad de los mismos. Un pensamiento positivo, o emociones como el amor, la confianza o la fe producen vibraciones uniformes y armónicas. Por su parte, emociones negativas como el odio, o pensamientos de derrota o de baja autoestima generan vibraciones inarmónicas y desiguales.

Como has podido darte cuenta, es muy importante lograr la armonía en todos los ámbitos. Sin embargo, como ha dicho San Agustín de Hipona, "nadie puede dar lo que no tiene". Por lo tanto, el primer paso es conseguir la armonía en nosotros mismos.

Cómo lograr la armonía interna

Nuestro cerebro produce distintos tipos de vibraciones según la actividad que realice. Las vibraciones más comunes son las llamadas ondas beta, que son las que generamos al estar despiertos y realizando nuestras actividades cotidianas. En las primeras etapas del sueño, nuestro cerebro entra en un estado de relajación, produciendo impulsos conocidos como ondas theta. Más adelante, en la etapa más profunda del sueño, el cerebro genera impulsos u ondas delta.

En la etapa intermedia entre el sueño y la vigilia, nuestro cerebro emite un tipo de vibración especial, conocido como ondas alfa. Estas ondas también se producen cuando realizamos actividades para las que no necesitamos utilizar la parte racional de nuestro cerebro, por ejemplo, cuando soñamos despiertos, cuando leemos un libro interesante o vemos una película y nos dejamos llevar por la trama. La diferencia entre las ondas alfa y las ondas theta y delta es que en el estado alfa somos conscientes de nuestro entorno.

También se sabe que cuando nuestra mente entra en el llamado "estado alfa", nuestro cuerpo se relaja profundamente, lo que le permite descansar y regenerarse. De igual manera, nuestro cerebro puede percibir con más claridad las ideas y, en general, nos es más fácil conectarnos con las vibraciones más sutiles. Casi todas las formas de generar ondas alfa son involuntarias. No obstante, es posible generar este estado de manera voluntaria y consciente mediante la relajación profunda. Este tipo de relajación ha sido practicado por los grandes místicos y Maestros Ascendidos precisamente para entrar en contacto y armonizarse con la vibración superior.

En el estado de relajación profunda, la eficacia de los decretos, las afirmaciones y las oraciones aumenta considerablemente, ya que nos conectamos directamente con las vibraciones superiores, donde se encuentra aquello que buscamos y necesitamos. Asimismo, al hablar del Principio del Mentalismo, hemos dicho que nuestro inconsciente actúa para ayudarnos a obtener lo que pedimos. En el estado alfa, nuestro inconsciente es más perceptivo a nuestras órdenes, por lo que su actuación es más inmediata y certera.

Cómo lograr la relajación profunda

Existen varios métodos para lograr este estado, pero todos ellos tienen elementos comunes. En principio, es recomendable que dediques diariamente un momento a la práctica de la relajación. Puedes practicarla en la mañana justo después de despertar o en la noche, antes de dormir. Trata de evitar ruidos y distracciones, como el teléfono o la puerta. Viste ropa holgada que permita a tu cuerpo vibrar adecuadamente y adaptarse a la vibración universal. Puedes encender una varita de incienso o una vela aromática, siempre que guardes las debidas precauciones.

A continuación presentamos un método para lograr la relajación profunda.

Relajación profunda en *savasana* o postura del cadáver

Como su nombre lo indica, en esta postura yóguica es posible alcanzar una relajación tal que se asemeja a la del "sueño eterno". La técnica para practicarla es la siguiente:

1. Acuéstate boca arriba sobre el piso (utiliza una manta o colchoneta).

2. Separa los pies a una distancia equivalente al ancho de tu cadera. Deja caer las puntas de los pies hacia los lados. No los fuerces; simplemente deja que caigan por su propio peso.

3. Coloca las manos con las palmas hacia arriba. La idea es evitar cualquier estímulo para los receptores táctiles de la palma de la mano, ya que ello estimularía a su vez la reacción de alerta del cerebro (estado beta).

4. Revisa que tus hombros caigan hacia los lados. No los empujes hacia atrás; simplemente deja que caigan por sí solos.

5. Relaja tu columna vertebral, de manera que la mayor cantidad de vértebras entren en contacto con el suelo. Esto implica relajar las curvas superior e inferior de la espalda.

6. Coloca la cabeza en una postura que te resulte cómoda, sin echarla a un lado y relajando el cuello y la nuca.

7. Deja que todo el peso de tu cuerpo se apoye en el piso.

8. Centra tu atención en la respiración; imagina que con cada inhalación, absorbes la energía universal y que cada exhalación te ayuda a eliminar la tensión de tu cuerpo.

9. Evita pensar, razonar o tratar de entender el proceso. Simplemente limítate a sentirte cada vez más relajado. Si percibes algún punto de tensión en tu cuerpo, relájalo conscientemente.

10. En ocasiones, nuestro cuerpo aloja tensiones musculares demasiado arraigadas, debidas a malas posturas o a emociones

no expresadas. En este caso, si el punto de tensión es demasiado fuerte, no trates de relajarlo rápidamente, pues entrarás al estado beta; simplemente, continúa respirando lenta y profundamente. Con cada inhalación, envía oxígeno fresco a esa zona, y con cada exhalación, extrae la tensión acumulada. Esto hará que la parte tensa se relaje poco a poco.

11. Una vez que sientas que tu cuerpo está perfectamente relajado, trata de evitar toda actividad mental, pues esto te llevará de vuelta al estado beta. Limítate a integrarte a la vibración universal, de la cual tu ritmo respiratorio es una expresión.

12. Si tu mente empieza a divagar, vuelve a concentrarte en el ritmo de tu respiración. Esto hará que permanezcas integrado y armonizado en la vibración del Universo.

13. Permanece en este estado de relajación y contemplación durante 10 o 15 minutos. Luego, ve adquiriendo conciencia de tu cuerpo muy lentamente. Comienza a mover los dedos de los pies y de las manos; continúa después con los tobillos y muñecas, y finalmente con las demás articulaciones.

14. Abre los ojos y respira profundamente. Estírate como si acabaras de despertar y levántate muy lentamente. Esto es importante, pues si lo haces demasiado rápido, puedes provocarte mareos o caídas.

15. Ahora, tu cuerpo, tu mente y tu espíritu están en armonía con el Universo.

Si te resulta demasiado difícil permanecer acostado en el suelo u otra superficie firme, o si piensas realizar la relajación en el trabajo, en el autobús o en otro lugar donde no te sea posible acostarte, puedes relajarte en posición sentada, comenzando con los músculos de la cabeza, y siguiendo con el cuello, el tórax, la cadera, las piernas y los pies. No olvides concentrarte en tu respiración. Independientemente del método que elijas, para obtener verdaderos frutos de la práctica de la relajación es necesario practicarla con tenacidad. No esperes que tu vida se arregle de la noche a la mañana sólo porque hoy practicaste la relajación profunda. Como todo en la vida, esta práctica exige esfuerzo y compromiso.

Cómo lograr la armonía con nuestro entorno

Todos sabemos que, en nuestra sociedad, es muy difícil para una persona común y corriente permanecer relajada todo el tiempo. Las prisas, el ruido y las obligaciones de la vida cotidiana hacen que, en un momento o en otro, todos nos estresemos y perdamos contacto con las vibraciones superiores. Como vimos al inicio de este capítulo, las vibraciones son como una piedra arrojada a un lago: se extienden y se reproducen a sí mismas. ¿Has observado cómo en algunos eventos masivos, como los partidos de fútbol, los conciertos de rock o las manifestaciones políticas, basta que una persona o un grupo pequeño comience a comportarse negativamente para que otras personas se les vayan sumando y aquello termine convertido en un caos? Lo mismo ocurre en el trabajo, en el tráfico, en el hogar, etcétera. Si alguien genera vibraciones negativas, lo más probable es que afecte a todas las demás personas y que éstas, a su vez, retroalimenten la negatividad del ambiente. Por desgracia, siempre tendremos que enfrentar situaciones o personas difíciles. No obstante, y de acuerdo con el Principio de Polaridad, también es posible producir el efecto contrario, es decir, generar vibraciones positivas y hacer que éstas crezcan. Nosotros, como discípulos de los Maestros Ascendidos, podemos y debemos generar este tipo de vibraciones para armonizar cualquier ambiente donde nos encontremos y beneficiar a quienes nos rodean. A continuación te presentamos varios métodos para lograrlo.

Todos tenemos un vecino, familiar, cliente o compañero de trabajo con quien nos es difícil relacionarnos debido a su mala disposición. Las vibraciones negativas producidas por estas personas son tan poderosas que pueden echarnos a perder el día con sólo dirigirnos una palabra o una mirada. Sin embargo, existe un método para evitar que su conducta nos dañe.

1. En primer lugar, debemos darnos cuenta de que ninguna persona es totalmente "buena" ni totalmente "mala". De acuerdo con el Principio de Polaridad, todos tenemos un polo positivo y uno negativo. Las personas cuya conducta nos daña han elegido actuar según su polo negativo.

2. De acuerdo con lo anterior, lo más conveniente es tratar a esa persona considerando únicamente su polo positivo. De esta manera, dejamos de enviarle energía a su polo negativo y evitamos retroalimentar las vibraciones nocivas que esta persona genera.

¿Te has dado cuenta de lo agotador que resulta tratar con las personas difíciles? Esto se debe a que, al engancharnos en su dinámica de vibraciones negativas, lo que hacemos es enviarles energía que las hace más fuertes, pero que a nosotros nos debilita. El sencillo método descrito líneas arriba evita este desperdicio energético y nos ayuda a restaurar la armonía en nuestras relaciones interpersonales. Otra forma de combatir el "bombardeo" de malas vibraciones generado por las personas difíciles es el método descrito en el capítulo 2, que consiste en utilizar la afirmación "No lo acepto". En este caso, si alguien llega hasta ti esparciendo vibraciones negativas, puedes decir mentalmente "No lo acepto" refiriéndote a la vibración y a las acciones de la persona, pero nunca a ésta última. Ten en cuenta que la otra persona también es hijo del Altísimo al igual que tú, por lo que debes perdonar sus errores y amarla como tu hermano cósmico que es.

Si, a pesar de todo, alguna persona pretende desarmonizarte mediante palabras o actos negativos, te resultará muy útil repetir mentalmente o en voz alta la siguiente afirmación: "Yo soy el poder y la presencia que consume todo temor, duda, confusión y todo aquello que busque perturbarme."

Además de las personas difíciles, en ocasiones también debemos enfrentarnos a ambientes o situaciones hostiles. A continuación veremos cómo actuar en tales circunstancias.

Cómo actuar en ambientes o situaciones difíciles

Todos alguna vez hemos entrado en un lugar en el que aparentemente todo está en calma, pero en el cual se respira un ambiente extraño o "pesado". Esto puede deberse a que una o varias de las personas que están en ese sitio se encuentran malhumoradas, estresadas, angustiadas o presentan alguna otra emoción negativa y la proyectan al ambiente.

Lo más recomendable en estos casos es que, independientemente de que percibas o no la existencia de vibraciones negativas, adquieras el hábito de bendecir cualquier sitio al que vayas y entrar pidiendo también la bendición para todas las personas que están en él. Ten en cuenta que esto no sólo te protege a ti contra las malas vibraciones, sino que también es beneficioso para los demás, ya que estarás contribuyendo a armonizar sus vibraciones con las del Universo.

¿Te has fijado que hay personas cuya sola presencia inspira paz, tranquilidad y armonía? Lo más seguro es que estas personas tengan el hábito de armonizar siempre su entorno. El método para hacerlo es el siguiente:

1. Antes de entrar en el lugar al que vas, decreta mentalmente (o en voz alta si es posible), que todas las personas que estén en él queden limpias y que sus vibraciones se armonicen con las del Universo. Puedes decir algo como:

   Yo ordeno a las Vibraciones Cósmicas que armonicen a toda persona que se encuentre en este sitio para que sus pensamientos, palabras y acciones respondan única y exclusivamente al Mandato Divino. Que así sea.

2. Verás cómo al entrar al lugar, te sentirás seguro y en paz debido a que las vibraciones habrán obedecido tu decreto. Y aunque haya alguien que consciente o inconscientemente se haya resistido a armonizar sus vibraciones, esto no podrá dañarte, ya que estarás protegido por tus propias vibraciones armónicas.

3. Si por necesidades de tu trabajo o por cuestiones personales debes ir a un lugar particularmente agresivo e inarmónico y deseas evitar que las vibraciones negativas del sitio y de quienes lo habitan lleguen a dañarte, puedes decir la siguiente afirmación:

   La Luz Divina me rodea, el Amor Divino me protege, la Divina Presencia vela por mí. Donde quiera que yo esté, la Divina Presencia me acompaña.

4. También puedes pedir al arcángel Miguel la protección del Tubo de Luz repitiendo el siguiente decreto:

Amado arcángel Miguel, coloca a mi alrededor el Tubo de Luz de la Llama Maestra Ascendida. Haz que me proteja de toda vibración inarmónica a mí enviada.

Yo soy el que invoca la Llama Violeta para que arda y transmute toda perturbación a mí transmitida. Que así sea.

Como su nombre lo indica, el Tubo de Luz es un cilindro energético que nos rodea y actúa como una barrera en contra de las vibraciones perjudiciales de aquellos hermanos que se resisten a actuar conforme a la voluntad divina. A continuación te proponemos otras afirmaciones y decretos que te servirán para lograr la armonía en situaciones concretas.

Otros decretos y afirmaciones útiles

Al levantarte

Para comenzar el día en armonía con la sublime Presencia, puedes decir la siguiente afirmación:

Yo soy el amor, la sabiduría y el poder. La divina inteligencia actuará en todo cuanto yo piense, diga y haga en este día.

Yo ordeno a esta inteligencia que hoy sea mi guía y mi protectora, y que yo actúe, piense y hable siempre y en todo momento, de acuerdo con el Plan Divino. Que así sea.

Al salir a la calle

Sabemos que la calle es uno de los lugares donde es más fácil sentirnos vulnerables ante las vibraciones inarmónicas de los demás. Por ello, antes de salir puedes decir la siguiente afirmación:

El espíritu del Señor va delante de mí, haciendo fácil, seguro y triunfante mi camino. Voy con toda la fe y la confianza, porque voy protegido por la Divina Presencia.

En el hogar

Ya sea que vivas en un hogar lleno de armonía o que aún estés trabajando para conseguirlo, la siguiente afirmación te será de gran utilidad:

La Divina Presencia gobierna mi hogar. Nada de lo que en él ocurre se aparta del Plan Divino.

La Divina Presencia vive y actúa en el corazón de cada persona que habita esta casa y nos protege contra el odio, la perturbación, la inarmonía y la escasez material y espiritual.

Ningún pensamiento, palabra o acción negativa puede perturbar la divina armonía que reina en este hogar.

Que así sea.

Al acostarte

Para terminar el día, puedes recitar la siguiente oración:

Divina Presencia: con el poder que me ha sido conferido, yo perdono a toda persona que necesite mi perdón, incluido yo mismo.

Yo sé que en el plano cósmico el perdón no es necesario; no obstante, yo perdono para devolver bien por mal, como ha dicho el Maestro Jesús.

Que mis maestros internos se sirvan utilizar mi sueño para que yo haga el bien allí donde se necesite.

Que así sea.

Recuerda que las afirmaciones y los decretos anteriores son sólo sugerencias. Tú, como hijo del Altísimo, tienes derecho a decretar y afirmar todo aquello que desees y que esté en correspondencia con el Plan Divino.

Paz

Todos buscamos la paz. ¿Pero qué significa exactamente esta palabra? Para algunas personas es simplemente el hecho de que no haya una guerra en su país. Para otras significa vivir con tranquilidad y desahogo. Habrá también quien piense que la paz implica tener buenas relaciones con sus familiares, vecinos, amigos y compañeros de trabajo. No obstante, en metafísica, la paz es todo esto y mucho más.

El concepto de paz está íntimamente relacionado con el de armonía, que estudiamos en el capítulo anterior. Al igual que la armonía, la paz también implica estar en concordia con la Divina Presencia, con nuestros hermanos y con el Universo entero.

Sin embargo, dado que "como es arriba, así es abajo", antes que nada debemos estar en paz con nosotros mismos, lo cual es, quizás, la parte más difícil: muchas veces hacemos obras en bien de nuestra comunidad, somos amables y serviciales con todo el mundo, siempre estamos dispuestos a ayudar cuando alguien nos necesita, etcétera, pero en ocasiones lo hacemos sólo para distraernos y huir de nuestra falta de armonía interna. En los siguientes apartados veremos cómo lograr la paz interior, la paz con nuestros semejantes y cómo contribuir al logro de la paz universal.

La paz interior

Para estar en paz con nosotros mismos, es necesario adquirir conciencia de que nuestro ser se compone de diferentes partes o cuerpos, cuyas características y necesidades particulares pueden originar falta de armonía en nuestro interior.

La tradición esotérica nos habla de siete cuerpos sutiles además del cuerpo físico. Los cuerpos sutiles son: el cuerpo etérico, el cuerpo emocional, el cuerpo mental, el cuerpo astral, el patrón etéreo, el cuerpo celestial y el patrón cetérico.

El estudio detallado de cada uno de estos cuerpos rebasa el objetivo de este libro. Para simplificar, agruparemos los ocho cuerpos mencionados en tres categorías: cuerpo físico (compuesto por los cuerpos físico y etérico), cuerpo mental (integrado por los cuerpos emocional, mental y astral) y cuerpo espiritual (formado por el patrón etéreo, el cuerpo celestial y el patrón cetérico). A continuación veremos cómo lograr la paz en nuestro cuerpo físico, la paz mental y la paz espiritual.

La paz en el cuerpo físico

Nuestro cuerpo físico es una de las grandes maravillas de la Creación. Está compuesto de millones de células que realizan cientos de complicados procesos químico-biológicos en cuestión de segundos. Asimismo, todas sus partes (sistemas, aparatos y órganos) están perfectamente integradas y sincronizadas en un todo inigualable.

Sin embargo, en ocasiones esta armonía e integración perfectas se ven alteradas, ya sea por agentes externos o internos. Entre los primeros tenemos las enfermedades y las lesiones, mientras que entre los segundos están las inarmonías provocadas por los pensamientos, sentimientos y emociones negativas, las cuales se reflejan en el cuerpo físico en forma de tensión, dolores y otros padecimientos.

Muchas veces, las enfermedades y las lesiones se deben a pensamientos negativos, como estudiamos al hablar del Principio del Mentalismo. Por ejemplo, si vamos caminando por la calle y de repente comienza a llover, pensamos: "¡Me resfriaré!". Lo más probable es que, efectivamente, pesquemos un resfriado. O si nos enteramos de que varios compañeros de la oficina se enfermaron por los alimentos que ingirieron en el comedor (igual que nosotros), y pensamos: "Me hará daño a mí también", es muy posible que nos enfermemos, aunque antes de enterarnos no hayamos manifestado ningún síntoma.

Por otra parte, las enfermedades y lesiones también pueden ser un aviso que nos dan nuestros cuerpos astral y físico para que les pongamos mayor atención. Por ejemplo, si estás tan presionado en el trabajo que comes mal, duermes poco y pasas todo el día en la oficina, es muy probable que tu cuerpo te reclame ese cuidado que le estás negando. Y una manera de hacerlo es provocándote desde un simple resfriado hasta una apendicitis o un cáncer. Al enfermarte, no te queda más remedio que descansar, alimentarte y cuidarte, que es precisamente lo que tu cuerpo requiere.

La enfermedad también puede deberse a que nuestro cuerpo necesita prepararse para combatir a los agentes patógenos ambientales (bacterias, virus y otros organismos). Como sabemos, las vacunas contienen cierta cantidad de los organismos que provocan la misma enfermedad contra la que nos vacunamos, por lo que estimulan a nuestro cuerpo a generar defensas contra dichos organismos. Algunas enfermedades, como los resfriados y otros trastornos, son una especie de "autovacuna" que nuestro cuerpo se aplica a sí mismo para prepararse a combatir futuros padecimientos. Recuerda: nuestro cuerpo es sabio y puede obtener aquello que necesita.

Por otra parte, las lesiones pueden presentarse como obstáculos que nosotros mismos nos ponemos de manera inconsciente para evitar hacer algo que no deseamos. Es clásico el ejemplo del atleta que sufre una lesión antes de una competencia importante. Es muy probable que el deportista tenga un enorme miedo inconsciente a fracasar en la prueba, por lo que ese pensamiento negativo hace que su mente le provoque la lesión. De esa manera evita ir a la competencia y sufrir una posible derrota. Independientemente de la causa, si ahora mismo padeces una enfermedad o lesión, recuerda que tú mismo puedes ayudar a sanarla. El principio del mentalismo nos dice que cada uno de nosotros crea en su vida aquello que verdaderamente desea. Por ello, si lo que deseas es la salud, no tienes más que pedirla.

Lo anterior no quiere decir que no debas ir al médico o que dejes de tomar medicinas, sino que si asumes la actitud adecuada y sabes que el control de tu cuerpo, de tu mente y de tu espíritu te pertenece, sabrás escuchar a tu Maestro interno y acudirás con el médico o sanador que realmente te ayude a curarte, y le pedirás a tu organismo que asimile y aproveche mejor los medicamentos. Recuerda que el médico es sólo un intermediario; tú tienes en tus manos tu propia salud.

Si estás enfermo y deseas sanar, o si estás sano y no deseas enfermarte, puedes decir la siguiente afirmación:

Yo soy salud, armonía y tranquilidad. Mi cuerpo físico está perfectamente integrado en el flujo cósmico, por lo que ningún agente externo puede desarmonizarlo.

Mi mente y mis pensamientos son positivos porque yo sé que formo parte del Plan Divino.

Yo soy una parte indispensable de ese plan, por lo que tengo toda la salud, la energía y la felicidad que necesito para llevarlo a cabo.

Que así sea.

Si de momento no puedes acudir al médico para recibir indicaciones respecto de tu enfermedad, puedes decir el siguiente decreto:

Mi cuerpo es sabio y conoce lo que necesita.

Con la autoridad que me confiere el ser hijo del Altísimo, yo decreto ahora mismo que mi cuerpo obtenga del ambiente y de sí mismo aquellos elementos físicos y espirituales que necesita para sanar.

Que así sea.

Si tu enfermedad o lesión ha sido provocada por un exceso de estrés, lo más recomendable en este caso es que hagas uso de cualquiera de los métodos de relajación que comentamos en el capítulo 3. Debes recordar que el estrés puede hacerte un gran daño si no lo controlas. Es bien sabido que el estrés es la causa de úlcera péptica, problemas circulatorios, infartos, embolias, padecimientos cutáneos y que si se prolonga puede generar incluso cáncer y otras enfermedades incurables.

Además de los ejercicios de relajación, también puedes hacer la siguiente afirmación para eliminar el estrés:

Yo soy tranquilo, alegre y relajado.

La Divina Presencia que habita en mí armoniza mi cuerpo y mi mente con la vibración universal.

Yo cumplo alegremente con la misión que el Padre me ha confiado, dándome la energía y la paciencia para hacerlo.

Que así sea.

La siguiente es otra afirmación de sanación que te ayudará a eliminar el estrés y la enfermedad. Es recomendable que la digas mentalmente o en voz alta, todos los días antes de dormir.

Yo soy fuerza, salud, paz, prosperidad y felicidad.

El espíritu de Dios está activo en mí y fluye por todo mi cuerpo físico como una corriente purificadora curativa, que renueva toda obstrucción y trae paz, salud y armonía a todo mi cuerpo.

Yo soy feliz, lleno de paz, y me encuentro en completo reposo.

Yo soy eternamente vigoroso y radiante de vida.

Yo soy alegre, animado, vivaz y libre.

Mañana por la mañana, me levantaré lleno de energía, radiante y con la fortaleza necesaria para llevar a cabo todas mis obligaciones.

Que así sea.

La paz mental

Hemos visto ya cómo alcanzar la paz en nuestro cuerpo físico. Ahora nos centraremos en el logro de la paz mental. Por lo general, la paz mental se ve alterada por nuestros conflictos internos. Éstos, a su vez, son producto de la falta de coherencia entre nuestra mente y la realidad. Por ejemplo, ¿cuántas veces hemos despertado sin ganas de levantarnos ni de ir a trabajar? Sin embargo, tenemos la obligación de acudir al trabajo. Este conflicto entre quedarnos acostados (deseo) y la obligación de levantarnos (realidad) nos produce disgusto.

Otra fuente de conflicto interno la constituyen nuestras expectativas con respecto a nosotros mismos, a los demás y a nuestras circunstancias. Por ejemplo, si salimos de casa rumbo a una cita, pero vamos con el tiempo justo para llegar puntualmente, tenemos la expectativa de que el tránsito fluirá rápidamente y no tendremos ningún contratiempo. Sin embargo, si hay demasiado tránsito, si nuestro auto se descompone o si el Metro sufre un desperfecto, eso dará al traste con nuestras expectativas y alterará nuestra paz mental, produciéndonos preocupación, vergüenza y estrés por no poder llegar a tiempo a nuestra cita.

Lo mismo ocurre con las expectativas que tenemos acerca de nosotros mismos. Si estamos acostumbrados, por ejemplo, a cerrar diez ventas cada quincena, el día en que no lleguemos a esa cifra nos sentiremos frustrados y descontentos con nosotros mismos, aunque la disminución no se deba a nuestra incapacidad, sino a un factor externo, como la crisis económica o la temporada del año.

Las expectativas que tenemos con respecto a los demás también pueden provocarnos conflictos internos. Si sabes que tu secretaria es extremadamente competente y es capaz de sacar adelante su trabajo en un tiempo mínimo, te habrás creado ciertas expectativas con respecto a ella. Pero si su rendimiento disminuye por algún motivo, como problemas de salud o familiares, eso te provocará disgusto, estrés y conflictos.

Otra de las cosas que nos impiden lograr la paz mental es la falta de coherencia entre nuestros pensamientos y nuestras obras. Por ejemplo, si pensamos que la honestidad es un valor necesario para poder vivir en sociedad, pero preferimos sobornar al agente de tránsito antes que pagar una multa, o bien, si ayudamos a los demás, practicamos nuestras disciplinas espirituales, hacemos buenas obras, etcétera, pero en el fondo nuestra intención es que los demás volteen a vernos y digan "esa persona es una santa", no estamos siendo coherentes con nosotros mismos, lo cual es una fuente de intranquilidad mental. Debemos recordar siempre que, de acuerdo con el Principio del Mentalismo y el de Correspondencia, quien no vive como piensa, acaba pensando como vive. Si nuestras obras son "buenas", pero nuestros pensamientos son impuros, tales obras no resultarán provechosas ni para nosotros ni para los demás. De igual forma, si tenemos pensamientos elevados pero actuamos como si no fuera así, los pensamientos por sí mismos no nos serán útiles. Finalmente, otra de las causas de la falta de paz mental son los apegos. Según muchos místicos y terapeutas, los apegos son el enemigo número uno de la paz mental. Un apego es la afición desmedida hacia alguien o hacia algo. Podemos estar apegados a nuestra familia, a nuestra pareja, a nuestras posesiones materiales, a nuestros padres, a nuestros amigos, a nuestros recuerdos... La lista es interminable. Lo cierto es que si estamos apegados a una persona, viviremos todo el tiempo con temor a que nos abandone. Si nos apegamos a nuestras posesiones materiales, estaremos intranquilos todo el tiempo por temor a que nos las roben. Si vivimos apegados a nuestra familia, estaremos con la zozobra de pensar que un día tendrán que irse. Como puedes darte cuenta, el apego no produce ningún beneficio y sí muchos inconvenientes.

La solución para la falta de paz mental es, simplemente, la aceptación y el desapego. Es necesario que aceptemos incondicionalmente a los demás, a nuestras circunstancias y, sobre todo, a nosotros mismos, y que vivamos libres de todo deseo desordenado. Evidentemente, esto no es nada fácil. ¿Cómo aceptar una mala situación económica o familiar, la muerte de un ser querido, el tráfico, el exceso de trabajo...?

El primer paso es saber que todo cuanto acontece forma parte del Plan Divino. En el Universo, nada ocurre por casualidad, como nos lo enseña el Principio de Causa y Efecto. Debemos darnos cuenta de que todo tiene una razón, aunque su comprensión esté fuera de nuestro alcance. Todos hemos oído hablar de personas que llegaron tarde al aeropuerto y perdieron el vuelo, pero al hacerlo salvaron su vida, ya que el avión acabó estrellándose.

En segundo lugar, debemos aprender a aceptarnos a nosotros mismos. Recuerda: cada uno de nosotros es un ser perfecto, pues somos hijos de la Perfección Eterna. Por eso, la no aceptación de nosotros mismos nos produce muchos conflictos y nos impide alcanzar la paz mental.

Para aceptarte a ti mismo, puedes repetir la siguiente afirmación:

Yo soy perfecto como mi Padre celestial es perfecto.

No existe en mí ninguna inarmonía, ningún defecto ni imperfección alguna porque de la perfección he venido y a la perfección he de volver.

Así como debemos aceptarnos a nosotros mismos, es necesario que aceptemos a los demás como son. Nadie va a cambiar sólo para darnos gusto. Si pretendemos que así sea, estaremos obligando a la otra persona a hacer algo que no desea o para lo cual no está preparada, aunque creamos que dicho cambio es por su bien. Recuerda que no somos dueños de la vida de nadie, sino únicamente de la nuestra. Y como hijos del Altísimo y señores de nuestro propio universo personal, tenemos el poder para aceptar a nuestros hermanos tal y como son. Piensa que todos tus semejantes llevan en su pecho la misma semilla divina que tienes tú en tu corazón. Es por ello que el Maestro Jesús nos ha ordenado amar a nuestro prójimo como a nosotros mismos, ya que todos somos uno.

Para aprender a aceptar a los demás como son, puedes repetir la siguiente afirmación:

Yo acepto a todos mis hermanos tal como son, porque ellos, al igual que yo, son perfectos, como es perfecto nuestro Padre celestial a cuya imagen y semejanza fuimos creados.

Yo acepto sus peculiaridades porque me permiten ver la diversidad que existe en la Creación.

Yo acepto sus partes menos perfectas porque me permiten ser tolerante.

Yo acepto sus enseñanzas porque me ayudan a crecer.

Así como pido ser aceptado, así acepto hoy y siempre a todos mis hermanos.

Que así sea.

Finalmente, vivir sin apegos es vivir realmente libre. Si te aferras a alguien, estás dejando en sus manos tu propia vida, mientras que, al mismo tiempo, estás haciéndote cargo de la suya. Esto es atarte a ti y atar al otro. Para crecer es necesario dejar los apegos. El siguiente decreto te ayudará a lograrlo:

En este día, con la autoridad que me confiere el ser hijo del Altísimo, me libero de todo apego y deseo desordenado hacia cualquier persona o cosa, y libero a todas aquellas personas y cosas que estén apegadas a mí, ya que la voluntad del Padre es que todos seamos libres y dueños de nuestro propio destino.

Que así sea.

La paz espiritual

La paz espiritual es una consecuencia lógica de la paz corporal y de la paz mental. Si estamos en paz con nosotros mismos, con nuestros hermanos y con nuestro entorno, estaremos en paz con el Padre. En este estado de paz espiritual no queda más que escuchar lo que la Mente Universal desea comunicarnos.

Una de las prácticas más eficaces para prestar atención a la Mente Universal es la meditación. Este recurso ha sido utilizado desde siempre por todos los grandes místicos y Maestros Ascendidos para escuchar al Altísimo y transmitir sus enseñanzas. A continuación te proponemos una meditación que te permitirá entrar en contacto con tu Maestro interno, quien es tu enlace directo con el Creador.

1. Para esta meditación, puedes encender una vara de incienso o una vela aromática, siempre que tengas en cuenta las precauciones para evitar accidentes. Asimismo, es muy importante que te mantengas despierto.

2. Adopta la postura de *savasana* y relájate según las instrucciones proporcionadas en el capítulo 3 (pág. 34).

3. Cuando estés completamente relajado, imagina que estás en un lugar al aire libre donde te sientes totalmente en libertad para ser tú mismo. Puede ser un lugar que recuerdes de tu infancia, el jardín de la casa que habitas actualmente o un sitio creado por ti en tu imaginación. Lo importante es que te sientas completamente seguro y a gusto.

4. Percibe claramente cada detalle del lugar. ¿Hay plantas, animales, un río, el mar...? Visualiza estos elementos lo más claramente que puedas. Percibe los sonidos y los aromas que caracterizan a ese sitio. Por ejemplo, si es un bosque, percibe el aroma de los pinos, el sonido que produce el aire al pasar por sus ramas, el canto de los pájaros, el murmullo del agua que corre por el arroyo... Siente la calidez del sol en tu piel y la suavidad del aire en tu rostro.

5. Imagínate ahora que, al ir caminando, encuentras una gruta que penetra en la tierra. No tienes nada que temer, porque sabes que en esa gruta habita tu Maestro interno.

6. Comienza a bajar por los escalones de piedra que hay en la gruta. Conforme bajas, vas sintiéndote más seguro, más relajado y más confiado.

7. Al final de los escalones hay un gran salón iluminado. En el centro está tu Maestro interno, sonriéndote y esperando tu llegada.

8. Acércate ahora a tu Maestro interno. Siente su inmenso amor por ti. Pídele que te dé el mensaje por el cual has ido a verlo.

9. Observa cómo tu Maestro interno te entrega su mensaje. Éste puede ser un objeto, una señal, una palabra, etcétera. No trates de buscarle un significado. Simplemente acepta el mensaje y guárdalo en tu corazón. Agradécele a tu Maestro interno por su bondad.

10. Toma el mensaje y despídete de tu Maestro interno. Dirígete a las escaleras y ve ascendiendo por ellas muy lentamente.

11. Conforme sales a la superficie, ve tomando conciencia de las sensaciones de tu cuerpo. Sal de la gruta. Puedes permanecer unos momentos en tu lugar especial, disfrutando las sensaciones que te produce. Cuando lo decidas, regresarás a tu habitación, al aquí y ahora.

12. Cuando termines la meditación, abre los ojos, inhala profundamente y exhala con lentitud. Estírate e incorpórate muy lentamente para evitar accidentes. Ahora puedes regresar a tus actividades cotidianas.

La meditación anterior es muy útil como una forma de entrar en contacto con la divinidad a través de nuestro Maestro interno. Debes tener en cuenta que el mensaje que éste te entrega durante la meditación no es algo que debas entender ni interpretar, sino que es un elemento sutil dirigido a tu mente inconsciente. Ésta lo asimilará y lo aplicará en tu vida diaria, permitiéndote alcanzar y mantener la paz espiritual que deseas.

Para finalizar esta parte del capítulo, te presentamos una afirmación que te ayudará a lograr la paz mental y espiritual en todo momento:

En este día, yo vivo en paz y armonía.

Yo soy el logro victorioso de la paz en mí. Mis sentimientos y pensamientos están en paz.

Yo vivo en paz con el mundo, con la sociedad, con todos los seres humanos. No me permito participar en peleas y discordias, ni dejo que mi parte humana me desarmonice.

Yo controlo mis vehículos internos en la paz que deseo.

Yo soy la serenidad, la calma y el bienestar que derivan de realizar la paz. Yo soy la fortaleza de la victoria. Armonizo mis sentimientos y me mantengo tranquilo. Gracias, Padre, por tu paz que yo soy.

La paz con nuestros semejantes

Los conflictos interpersonales son muy comunes. Todos conocemos a alguien con quien nos resulta difícil convivir. Sin embargo, además de la falta de aceptación, otra causa importante de los conflictos entre las personas es la creación de estereotipos. ¿Cuántas veces decimos "fulano es el loco de la familia", "zutana es la clásica niña guapa, pero tonta" o "como siempre, mengano volvió a llegar tarde"? Con esta clase de comentarios, lo que hacemos es encasillar a las personas en categorías predeterminadas, como si fuesen objetos o especímenes de laboratorio. De igual manera, es muy probable que nosotros también hayamos sido encasillados en alguna categoría.

Una de las maneras de evitar conflictos interpersonales es tratar a nuestros semejantes sin adoptar ideas preconcebidas. Es decir, en lugar de pensar "fulano es así", debemos pensar simplemente "fulano es". De esta manera, estaremos reconociendo su naturaleza individual, única e irrepetible. Ten en cuenta que el Principio de Vibración nos enseña que todo está en perpetuo movimiento, es decir, todo cambia, incluso el ser humano. Esto quiere decir que si, por ejemplo, alguien tuvo hacia ti una actitud negativa alguna vez, no debes encasillarlo pensando que cada vez que esté contigo tendrá actitudes negativas. Eso sería negarle su derecho y su capacidad de cambio. Lo mismo sucede, por ejemplo, cuando sientes que tu pareja te ama y das por hecho que te amará siempre. No obstante, si tú mismo no fomentas y correspondes a ese amor, éste acabará por irse. Es necesario que tratemos a los demás como personas nuevas, cambiantes, en perpetua evolución. Para eliminar de tu mente todos los estereotipos e ideas preconcebidas acerca de los demás, puedes decir el siguiente decreto:

En este día, con el derecho que me confiere el ser hijo del Altísimo, yo me libero de todas las ideas fijas, estereotipos, etiquetas y demás elementos imperfectos que me impidan relacionarme armoniosamente con mis hermanos.

Yo acepto a todos mis hermanos como seres de luz en evolución constante.

Que así sea.

La paz universal

Como nos enseña el Principio de Correspondencia, si tenemos paz interior en nuestros cuerpos físico, mental y espiritual, y si estamos en paz con nuestros hermanos aceptándolos como son y evitando encasillarlos y estereotiparlos, la consecuencia lógica es que surja la paz universal en todo nuestro entorno.

Sin embargo, como podemos observar a diario en los periódicos y noticiarios, la paz universal parece estar todavía muy lejos. Las guerras entre países vecinos, las batallas corporativas para adueñarse de los mercados mundiales, los conflictos entre distintos sectores de la sociedad y la violencia intrafamiliar no son más que reflejos de la falta de armonía interna e interpersonal.

Nuestro deber, como hijos del Altísimo, es propagar la paz en todo nuestro entorno. Pero, como hemos visto, no podemos dar lo que no tenemos; por eso es muy importante que, en primer lugar, cuidemos de mantener la paz interior, para así poder extrapolarla hacia nuestro entorno inmediato y, finalmente, hacia todo el Universo. Para ayudarnos en esta divina misión, el Maestro Ascendido Saint Germain ha querido, en su gran misericordia y amor por la humanidad, darnos una herramienta valiosísima para contribuir al logro de la paz universal y a la evolución de todo el género humano. Esta herramienta se conoce como la Llama Violeta.

Como sabemos, la luz blanca se compone de varios colores, que son el rojo, naranja, amarillo, verde, azul, violeta e índigo. Dichos colores no son visibles sino hasta que hacemos pasar la luz a través de un prisma. De igual manera, la luz mística se divide en siete colores o llamas, cada una con propiedades especiales. La Llama Violeta tiene la facultad de transformar la oscuridad en luz, lo negativo en positivo, el odio en amor, el conflicto en paz, la discordia en armonía y la carencia en abundancia.

Nosotros podemos invocar el poder de la Llama Violeta para limpiar todas las discordias e impurezas de nuestra mente, cuerpo y espíritu, pero también para acelerar la evolución de todos los habitantes de la Tierra, de manera que la paz y la armonía reinen en nuestro universo.

A continuación te presentamos el decreto de la Llama Violeta. Puedes pronunciarlo individualmente o en grupo, con lo que aumentarás su eficacia. En cualquiera de los casos, es conveniente que lo hagas en un lugar y en un ambiente propicios, de manera que las vibraciones que generes puedan armonizarse fácilmente con la vibración universal. Puedes encender velas o incienso y colocar cuarzos, cristales u otros objetos energéticos. Asimismo, puedes poner imágenes de Maestros Ascendidos para que te ayuden en tu decreto y para que eviten que cualquier energía no evolucionada interfiera con él.

Es conveniente que visualices una llama violeta ardiendo en el centro de tu corazón. Conforme avances en el decreto, visualiza cómo esa llama va creciendo hasta envolver todo tu cuerpo. Si practicas el decreto en grupo, visualiza cómo las llamas violetas de cada uno de los miembros crecen hasta que todas formen una sola que llene el lugar y se expanda por toda la ciudad, por todo el país y, finalmente, por todo el mundo. Visualiza la Tierra envuelta en una gigantesca llama violeta brillante y purificadora. El decreto es el siguiente:

El decreto de la Llama Violeta

Amados Maestros Ascendidos Saint Germain y Portia, arcángel Zadkiel y Santa Amatista, Elohim Arcturus y Diana, Oromasis, Príncipe de Fuego Violeta, y vosotras, amadas divinidades que manejáis el Fuego Violeta para la Tierra, nosotros os amamos y os bendecimos por vuestra poderosa asistencia, en nombre de la amada Presencia YO SOY en nosotros y en toda la humanidad, y a través de la fuerza magnética del fuego sagrado, con la cual estamos investidos, apelamos a vosotros como sacerdotes de la obra de Zadkiel.

Amados ángeles del Fuego Violeta, venid, venid, venid y encended el Fuego Violeta del amor por la libertad a través de nuestra aura, de nuestro mundo de los pensamientos y sentimientos, a través de nuestro cuerpo etérico, de nuestro cerebro, y de todas las células de nuestro cuerpo físico, a través de nuestros hogares, negocios, finanzas e intereses. Haced esto cuarzos, cristales u otros objetos energéticos. Asimismo, puedes poner imágenes de Maestros Ascendidos para que te ayuden en tu decreto y para que eviten que cualquier energía no evolucionada interfiera con él.

Es conveniente que visualices una llama violeta ardiendo en el centro de tu corazón. Conforme avances en el decreto, visualiza cómo esa llama va creciendo hasta envolver todo tu cuerpo. Si practicas el decreto en grupo, visualiza cómo las llamas violetas de cada uno de los miembros crecen hasta que todas formen una sola que llene el lugar y se expanda por toda la ciudad, por todo el país y, finalmente, por todo el mundo. Visualiza la Tierra envuelta en una gigantesca llama violeta brillante y purificadora. El decreto es el siguiente:

El decreto de la Llama Violeta

Amados Maestros Ascendidos Saint Germain y Portia, arcángel Zadkiel y Santa Amatista, Elohim Arcturus y Diana, Oromasis, Príncipe de Fuego Violeta, y vosotras, amadas divinidades que manejáis el Fuego Violeta para la Tierra, nosotros os amamos y os bendecimos por vuestra poderosa asistencia, en nombre de la amada Presencia YO SOY en nosotros y en toda la humanidad, y a través de la fuerza magnética del fuego sagrado, con la cual estamos investidos, apelamos a vosotros como sacerdotes de la obra de Zadkiel.

Amados ángeles del Fuego Violeta, venid, venid, venid y encended el Fuego Violeta del amor por la libertad a través de nuestra aura, de nuestro mundo de los pensamientos y sentimientos, a través de nuestro cuerpo etérico, de nuestro cerebro, y de todas las células de nuestro cuerpo físico, a través de nuestros hogares, negocios, finanzas e intereses. Haced esto

Amor

Uno de los deseos más profundos de toda la humanidad es el amor. Todos buscamos el amor de nuestra familia, de nuestros hijos, de nuestra pareja, de nuestros amigos. Sin embargo, en ocasiones tendemos a confundir el verdadero amor con el deseo y con el apego.

El amor verdadero lo podemos definir como una entrega generosa y voluntaria para el mutuo perfeccionamiento. Todo amor es generoso, pues tiene en cuenta a la otra persona, de lo contrario es egoísmo puro. Asimismo, nadie puede amar a nadie por la fuerza. Por último, la misión del amor es hacernos crecer, lograr que nos asemejemos a nuestro Padre celestial, que es el amor y perfección absolutos.

Sin embargo, para poder amar realmente a nuestros semejantes, debemos, en primera instancia, saber amarnos a nosotros mismos, lo que en términos psicológicos se conoce como autoestima. A continuación veremos cómo puedes amarte más a ti mismo, para que puedas amar más y mejor a los demás.

Ámate a ti mismo

Muchas personas piensan que amar a los demás es siempre una virtud, pero que amarse a sí mismas es un defecto, pues demuestran con ello egoísmo y vanidad. Nada más falso: el amor a ti mismo te permite amar verdaderamente a los demás pues, como hemos dicho, nadie puede dar lo que no tiene.

Otra de las creencias equivocadas es que si alguien se ama a sí mismo, es menos capaz de amar a los demás. Sin embargo, el amor no es algo que pueda medirse ni agotarse. Como lo dice la Biblia, Dios es amor, por lo tanto, el amor es infinito e inconmensurable. El amor basta y sobra para amarte a ti mismo, amar a los demás y amar a todo el Universo. De hecho, el Maestro Jesús nos dice "Ama a tu prójimo como a ti mismo" (Marcos 12:31).

Podemos definir el amor propio o autoestima como la conciencia de nuestro propio valor como seres únicos e irrepetibles. En ocasiones, esta conciencia se ve afectada por la opinión que los demás se han formado sobre nosotros y por nuestra tendencia a compararnos con los demás.

Todos tenemos la necesidad de ser aceptados en nuestro grupo social, y por esa razón a veces le concedemos demasiada importancia a lo que los demás piensan acerca de nosotros, al grado de que únicamente nos sentimos valiosos e importantes si sabemos que agradamos a los otros.

Y como es prácticamente imposible agradar a todo el mundo todo el tiempo, normalmente nos sentimos poco importantes y buscamos la manera de resultar interesantes, inteligentes, ingeniosos, etcétera, con el fin de ser aceptados por el grupo. Esto, a la larga, nos genera estrés, depresión, frustración y baja autoestima, porque no conseguimos nuestro propósito todo el tiempo.

De igual manera, nuestra autoestima resulta afectada cuando nos comparamos con los demás. Tendemos a mirar nuestros defectos y a compararlos con las virtudes (reales o idealizadas) de nuestros semejantes. Muchas veces pensamos "ella es más linda (más popular o más atractiva...) que yo" o "él es más inteligente (mejor deportista o más guapo...) que yo".

Este tipo de pensamientos negativos nos sitúa en desventaja frente a los demás, pues como nos enseña el Principio del Mentalismo, lo que pensamos se manifiesta en hechos concretos. Si piensas, por ejemplo, que otra persona es más atractiva que tú, inconscientemente actuarás para que así sea, descuidando tu apariencia, tu higiene, tu alimentación, tu crecimiento intelectual y espiritual, etcétera. El primer paso para mejorar tu autoestima es la aceptación de ti mismo. Es necesario que aprendas a amarte tal como eres, y no como los demás quieren que seas. Debes ser consciente de que eres hijo del Dios de la perfección, por lo que tú también eres perfecto. Puedes utilizar la afirmación que te propusimos en el capítulo anterior:

Yo soy perfecto como mi Padre celestial es perfecto.

No existe en mí ninguna inarmonía, ningún defecto ni imperfección alguna porque de la perfección he venido y a la perfección he de volver.

También puedes repetir la siguiente afirmación para tener presente tu importancia en el Plan Divino:

Yo soy grande e importante como el cielo, las estrellas, los árboles y todos los demás elementos de nuestro Universo, pues yo formo parte del plan que la Mente Universal ha trazado para la evolución y la felicidad de todas sus criaturas.

Si los comentarios u opiniones de los demás son la causa de tu baja autoestima, también puedes utilizar la estrategia descrita en el capítulo 3, que consiste en afirmar "No lo acepto" cada vez que te sientas agredido por las malas vibraciones de otra persona. Recuerda que la afirmación debe hacerse de manera tranquila, sin violencia ni resentimiento contra nadie; en este caso, lo que estás rechazando es la conducta de la otra persona, no a ésta última.

La imagen corporal

En ocasiones, la autoestima también se ve afectada por nuestra imagen corporal. Es posible que nos sintamos mal con nosotros mismos porque tenemos sobrepeso, porque nuestra condición física no es la que desearíamos o porque nuestra apariencia en general nos desagrada.

Uno de los remedios para mejorar nuestra imagen es el siguiente:

1. Por las mañanas, colócate frente al espejo, levantando la mano izquierda, estirando el brazo completamente. La palma de tu mano debe apuntar hacia el techo.

2. Frota suavemente tu vientre de izquierda a derecha (en el sentido de las manecillas del reloj).

3. Repite mentalmente o en voz alta la siguiente afirmación:

    Yo soy la gran energía cósmica que entra y fluye en mi cuerpo, renovando cada célula y eliminando todo aquello que no armonice con ella.

4. Visualiza una esfera de luz blanca ascendiendo por tu columna vertebral y bajando por el frente de tu cuerpo. Ésta es tu energía vital, que circula en tu cuerpo y se armoniza con la energía universal.

5. Repite este procedimiento todos los días. Observarás cómo los depósitos de grasa indeseables en tu cuerpo empiezan a desaparecer y cómo vas adquiriendo una figura más armónica.

Fatiga

Si te sientes cansado, decaído o desanimado y ello te hace sentir mal contigo mismo, puedes practicar el siguiente ejercicio que, además de devolverte la energía, te hará sentir mejor y más satisfecho.

1. Relájate en la postura de *savasana* según las instrucciones detalladas en el capítulo 3.

2. Inhala profundamente y exhala con lentitud. Concéntrate en el ritmo de tu respiración.

3. Sin perder la concentración en tu respiración, visualiza tu aura como un capullo de luz que envuelve todo tu cuerpo.

4. Cada vez que inhales, visualiza cómo tu aura va aumentando de tamaño y se vuelve cada vez más luminosa.

5. Continúa visualizando este crecimiento de tu aura hasta que percibas que has recuperado toda tu energía.

6. Permanece en ese estado durante unos instantes, sintiéndote rebosante de energía vital. Siéntete fuerte, animado y dinámico.

7. Abre los ojos e incorpórate lentamente para evitar mareos.

8. Ahora te sentirás fresco, descansado y listo para continuar con tus actividades cotidianas.

Si no tienes tiempo u oportunidad de relajarte y efectuar el ejercicio anterior, puedes repetir la siguiente afirmación-decreto:

Yo soy energía, salud y vitalidad.

Yo expulso de mi sistema al cansancio, la fatiga y el malestar.

Pido a la Gran Fuerza Electrónica que se manifieste en mí ahora y en todo momento.

Que así sea.

Otra afirmación para mejorar el funcionamiento general de nuestro cuerpo y mejorar nuestra autoimagen corporal es la siguiente:

Yo soy salud, armonía y perfección.

Mi cuerpo funciona perfectamente, asimilando todo aquello que necesita y eliminando todo lo que le es superfluo.

Cada órgano, cada miembro, cada célula y cada molécula de mi ser están en perfecta armonía con el Universo.

Porque yo soy salud, armonía y perfección.

Normalmente, los cambios positivos en la imagen corporal se reflejan en una mayor autoestima. Por ello, además de practicar concienzudamente los procedimientos descritos líneas arriba, es necesario que cuides tu peso corporal, que practiques algún deporte o hagas ejercicio con regularidad y que mejores tu alimentación.

La autoaceptación

El paso final, y quizás el más importante, para lograr la plena autoestima, es la autoaceptación, es decir, aceptarte a ti mismo tal como eres. Muchas veces, en un afán por encontrar una autoimagen que nos satisfaga, adoptamos modas, conductas y aficiones que poco o nada tienen que ver con lo que realmente somos.

Es muy común el caso de las mujeres que se tiñen el cabello de rubio únicamente porque se les ha hecho creer, mediante el bombardeo publicitario, que "las rubias se divierten más" o que resultan más atractivas para el sexo opuesto. De igual manera, a los varones se les convence de adoptar conductas de "hombres de mundo" con el objeto de convertirse en "triunfadores" (sin especificar nunca qué significa realmente esta palabra). El problema de esto es que se nos lleva a tratar de ser lo que no somos y, al no lograrlo, nos sentimos frustrados e incompetentes, lo que deteriora nuestra autoestima. Lo más importante es que te aceptes y te ames a ti mismo tal cual eres. Recuerda que eres perfecto y que estás en perpetua evolución. Para lograr aceptarte a ti mismo como eres, puedes usar esta afirmación:

Yo soy importante porque soy hijo del Altísimo.

Mi vida, mis gustos, mis momentos, mis sueños... son importantes porque son un reflejo de lo que el Padre desea de mí.

En mí llevo la belleza, la sabiduría y la grandeza que me corresponden como heredero del reino de los Cielos.

Que así sea.

Repítela todos los días mirándote al espejo. Hazlo con toda la convicción de que seas capaz. De esta manera, tu inconsciente acabará adoptando esta idea y tu autoestima crecerá notablemente.

El amor al prójimo

Si alguno dice: "Amo a Dios", y aborrece a su hermano, es un mentiroso; pues quien no ama a su hermano, a quien ve, no puede amar a Dios, a quien no ve (I Juan 4:20).

La cita anterior del apóstol Juan nos demuestra la importancia del amor a nuestros semejantes. También en este caso la aceptación desempeña una misión fundamental. Hemos visto, al hablar de la armonía, que es indispensable aceptar a los demás como hijos del Altísimo y, por lo tanto, hermanos nuestros. Es imposible amar a alguien sin aceptarlo, así como aceptar a alguien sin amarlo. Recuerda que Dios es amor, y tanto tú como tus hermanos provienen de Dios, es decir, del amor. Por ello, negar a tus hermanos es negar también el amor.

En el capítulo anterior vimos una afirmación de aceptación. A continuación te presentamos otra:

Amado hermano:

Yo te acepto hoy tal como eres, pues veo en ti la Llama del Amor Divino que da la vida a toda criatura.

Te amo con el mismo amor con el que Dios nos ama.

Porque tú eres perfecto como yo soy perfecto, y como nuestro Padre celestial es perfecto.

Que así sea.

Como dice el dicho: "obras son amores". Por lo tanto, es muy importante manifestar nuestro amor a nuestros semejantes. Para hacerlo, puedes repetir la siguiente afirmación:

Yo soy la fuente inagotable de Amor Divino.

Hoy he decidido prodigarlo a todos mis hermanos sin distinción alguna.

Porque así como el Padre es amor, así sus hijos somos amor e irradiamos amor aquí y ahora, y por los siglos de los siglos.

Amén.

Esta afirmación puedes hacerla todas las mañanas antes de salir a la calle, o bien, justo antes de entrar al trabajo o antes de reunirte con un grupo de personas. Verás cómo te ayuda a amar y aceptar a tu prójimo y, por lo mismo, a sentirte más feliz y en armonía.

Por último, te presentamos la afirmación recomendada por el Maestro Saint Germain para recitarla en todo momento:

Yo soy la presencia del Amor Divino en todo momento.

Apego y deseo

Ya hemos dicho que el apego nos vuelve dependientes de la otra persona. Todos conocemos a algún matrimonio disfuncional en el que el esposo golpea y maltrata a la esposa, o en el que ella engaña y humilla a su marido. Incluso es posible que le hayamos preguntado a la víctima "¿Y por qué sigues con él (o con ella)?" La respuesta suele ser "Porque lo (la) quiero". En este tipo de relaciones enfermizas no hay amor, sino apego. Resulta claro que lo que mueve a la víctima a seguir junto a su victimario, aun poniendo en riesgo su integridad, es un profundo miedo a la soledad y al vacío existencial.

En el caso del deseo, éste transforma a las demás personas en simples cosas que únicamente sirven para satisfacernos. Una vez que hemos satisfecho nuestro deseo, la relación deja de ser importante para nosotros, por lo que buscamos escapar de ella lo antes posible. Y cuando al fin logramos salir, nos quedamos con un vacío interior que nos lleva a enredarnos nuevamente en una relación semejante, y así sucesivamente. Como podemos ver, el apego y el deseo son la antítesis del verdadero amor, pues nos vuelven vulnerables y generan un enorme miedo en nosotros. En cambio, el verdadero amor es libre, pues cuando amamos verdaderamente a alguien, no tememos que nos abandone ni nos aferramos irracionalmente a él o a ella. Tampoco consideramos a la otra persona como un simple objeto que tiene la obligación de satisfacernos.

En este sentido, un verdadero discípulo metafísico debe ser capaz de decir "Te amo tal como eres, independientemente de si mi amor es correspondido o no". Si amas a alguien con el único fin de ser correspondido, entonces lo que buscas no es amor, sino un comercio: "Te amo a condición de que tú también me ames; si tú no me amas, yo tampoco te amaré".

Pensamientos positivos

Hemos dicho que "obras son amores". Por lo tanto, una de las formas de manifestar nuestro amor al prójimo es transmitiéndole nuestros pensamientos positivos. Para transmitir pensamientos de amor a tus seres queridos:

1. Cierra los ojos y relájate. Puedes adoptar cualquiera de las posturas de relajación: *savasana* o la postura del dios egipcio.

2. Concéntrate en el entrecejo.

3. Transmite pensamientos positivos a todos tus seres queridos, a tus conocidos, a tus compañeros de trabajo, clientes, vecinos, y finalmente a toda la humanidad. No es necesario que pienses en palabras o en imágenes. Simplemente percibe vibraciones positivas en tu mente.

4. Visualiza cómo esos pensamientos salen de tu mente en forma de espiral y viajan a través del espacio-tiempo hasta llegar a las personas a quienes se los estás enviando.

5. En el campo metafísico, las limitaciones físicas no tienen cabida. Por eso, ten la seguridad de que tus pensamientos llegarán a su destino. Permanece relajado, tranquilo y feliz por poder transmitir esas vibraciones positivas a tus hermanos cósmicos.

6. Para terminar, inhala profundamente y exhala con gran lentitud. Repite esta respiración un par de veces más. Abre los ojos y agradece al Creador por permitirte colaborar con Él en el mejoramiento y la evolución del Universo.

El perdón

Una de las mayores muestras de amor verdadero que podemos dar a nuestros semejantes es el perdón. Ya lo dice la sabiduría popular: "Errar es humano, perdonar es divino". Asimismo, recordemos que, estando en la cruz, el Maestro Jesús dirigió palabras de perdón a quienes lo llevaron a la muerte, las cuales hizo extensivas a toda la humanidad.

A pesar de ser algo tan grande y tan importante, perdonar siempre es difícil. Normalmente tendemos a guardar rencor y a mantener cierto recelo hacia las personas que nos han ofendido. Y en ocasiones no es sólo recelo, sino un verdadero odio lo que se manifiesta en nosotros.

Hemos visto que las emociones negativas nos alejan de la armonía universal. Es por ello que el perdón nos favorece tanto a nosotros como a la persona o personas que lo reciben. Al perdonar, recuperamos nuestra armonía interna y damos a la otra persona el regalo inapreciable de la paz.

Para perdonar es necesario darnos cuenta de que todos, sin excepción, somos seres en constante evolución. Esto quiere decir que en nuestro camino de regreso a la perfección de la cual partimos, aún debemos aprender muchas cosas, las cuales nos permiten avanzar y evolucionar. En este proceso, lo más normal es que cometamos errores, porque de ellos también es posible obtener grandes enseñanzas. Es voluntad de Dios que aprendamos y experimentemos todo aquello que sea para nuestro perfeccionamiento. Por ello, Él perdona nuestros errores con el infinito amor que le caracteriza. Y si nuestro Padre celestial perdona a todas sus criaturas, ¿nosotros por qué no hemos de hacerlo?

El Maestro Saint Germain nos recomienda hacer la siguiente afirmación de perdón siempre que lo consideremos necesario:

Yo soy la ley del perdón y de la Llama Violeta transmutadora que manifiesta su acción en mí ahora.

Las relaciones interpersonales

Lo mejor es comenzar a amar a quienes tenemos más cerca: nuestros familiares, amigos, vecinos y, por supuesto, nuestra pareja. A continuación veremos algunas afirmaciones para mejorar nuestras relaciones interpersonales.

Cómo sanar relaciones deterioradas

Es posible que se haya deteriorado una relación importante. Sin embargo, todavía podemos hacer algo. A continuación veremos una afirmación para lograr este propósito:

Yo soy el amor verdadero que obra a través de mí para sanar mis relaciones con mis hermanos. Por ello, hoy expreso comprensión, apoyo y cariño a todas las personas con quienes deba tratar.

Ningún rastro de inarmonía ni de emociones negativas contamina mi relación con mis semejantes.

Yo me relaciono con los demás de manera amorosa, con el mismo amor con el que el Padre nos ha bendecido.

Que así sea.

Si la relación que deseas sanar es la que tienes con tu pareja, ambos pueden decir la siguiente oración:

Le pedimos a la Divina Presencia que sane la negatividad heredada de generaciones pasadas, y que resucite nuestro matrimonio para que seamos más felices que antes.

En el nombre de la Divina Presencia, yo transmuto todos los patrones de profunda infelicidad matrimonial de mis antepasados.

En el nombre de la Divina Presencia, yo elimino todo sometimiento de la esposa y todas las expresiones de falta de amor en el matrimonio.

En el nombre de la Divina Presencia, yo excluyo todo odio, deseo de mal y todo pensamiento o intención negativa en mi relación con mi pareja.

En el nombre de la Divina Presencia, yo rechazo toda transmisión de violencia, venganza, rencor, vicios y todo comportamiento negativo, toda infidelidad y toda decepción.

En el nombre de la Divina Presencia, yo doy fin a toda vibración que me impida establecer relaciones duraderas.

En el nombre de la Divina Presencia, yo renuncio a todo esquema de tensión matrimonial, de divorcio y de falta de sensibilidad.

En el nombre de la Divina Presencia, yo termino con todos los esquemas profundamente arraigados que generan un matrimonio infeliz, así como sentimientos de vacío y fracaso.

Padre, perdona a mis antepasados por todas las formas en que han deshonrado el sacramento del matrimonio. Haz que en el mundo haya muchos matrimonios felices, llenos de amor, fe, fidelidad y cariño. Bendícelos, llénalos con tu misericordia, tu luz y tu paz.

Que así sea.

Se recomienda decir esta oración durante 9, 18 o 27 días seguidos. De esta manera, su eficacia aumentará considerablemente.

El amor universal

El amor universal es una consecuencia directa del amor a ti mismo y del amor al prójimo. Si te amas a ti mismo y amas a tus semejantes, estás preparando el terreno para que el Amor Divino se manifieste plenamente en todo el Universo. Cuantas más personas se amen y amen a sus hermanos, mayor Amor Divino habrá en nuestro planeta y en el Universo entero ya que, como la buena tierra, este amor es el medio ideal para que el Amor Divino se manifieste entre nosotros.

Como vimos en el capítulo anterior, la Llama Violeta es un regalo del Maestro Ascendido Saint Germain que nos permite transmutar todas las vibraciones discordantes para armonizarlas con la vibración universal. El siguiente es un decreto de amor universal utilizando la llama violeta:

En nombre de la Divina Presencia, yo invoco la ley del perdón por todos los errores cometidos, por toda la energía distinta al amor universal, por todo el daño hecho a todo ser viviente desde el comienzo de los tiempos hasta hoy

Yo decreto el descenso de la Llama Violeta para consumir, transmutar y disolver toda apariencia en cualquiera de mis cuatro vehículos en ascensión, y a través y alrededor del elemental que vive en mí

Yo estoy sellado en el poder de este fuego sagrado hasta que la verdad de mi ser se manifieste.

Doy gracias a mis amados ángeles violetas: vengan, desciendan e irradien su hermosa energía angélica y purifiquen:

Nuestros ojos para ver sólo la perfección.

Nuestros oídos para escuchar únicamente las instrucciones de nuestros santos seres crísticos.

Nuestras manos para expresar y manifestar sólo trabajos de transmutación, bondad y belleza.

Nuestros pies para que nos lleven adelante en la luz de Dios, que siempre es victoriosa.

Yo otorgo mi perdón por cada vez que cada átomo, vena, hueso, órgano y sistema de estos vehículos ha sido forzado a cumplir su función con algún sentimiento o pensamiento distinto al amor universal.

Yo decreto la purificación y la transmutación de cada herida abierta que cualquier sentimiento de desagrado haya grabado en mis vehículos etéricos.

Yo otorgo mi perdón a toda situación, persona, lugar o cosa que pudiera habernos hecho mal desde el principio de los tiempos.

Yo soy el perdón amoroso que envuelve bajo el manto del olvido todo pensamiento o sentimiento distinto de la paz.

Ángeles violetas: desciendan, irradien y purifiquen cada energía de pensamiento que haya sido creada por nuestra mente desde el principio de los tiempos y que sea distinta de la perfección.

Desciendan, irradien y purifiquen cada energía de sentimiento que haya brotado de nuestro corazón y que sea distinta del amor.

Desciendan, irradien y purifiquen cada energía de palabra nuestra, emitida a través de nuestra voz con intención distinta a la verdad.

Centrados en la paz, perfección, amor y verdad, pedimos perdón por todo el daño hecho a la vida.

Yo soy la transmutación angélica purificando mis vehículos.

Yo soy la transmutación angélica sellándome en la paz y armonía de la liberación.

Yo soy la transmutación angélica sosteniendo la perfección para cada parte de mi ser.

Yo soy un ser de Fuego Violeta.

Yo soy la pureza que Dios desea.

Que así sea.

Gratitud

Para corresponder al Amor Divino y, al mismo tiempo, mostrarle nuestro amor, es necesario agradecer a la Divina Presencia por todo lo que nos ha dado. Para concluir este capítulo, te presentamos una afirmación de gratitud:

Yo soy gratitud y amor infinito.

Mi corazón, mi cuerpo, mi mente, mi conciencia y todo mi ser están llenos de esta gratitud, que irradia de mí en todas direcciones, toca todo lo que hay en mi mundo y vuelve a mí en forma de más cosas por las cuales sentirme agradecido.

Doy gracias por mí y por mi cuerpo.

Doy gracias por mi capacidad de ver y oír, de sentir, saborear y tocar.

Doy gracias por mi casa y cuido amorosamente de ella.

Doy gracias por mis familiares y amigos y disfruto de su compañía.

Doy gracias por mi trabajo y en todo momento doy lo mejor de mí.

Doy gracias por mis talentos y capacidades y los expreso constantemente de maneras infinitas.

Doy gracias por (en esta parte puedes agregar algo por lo que te sientas especialmente agradecido).

Amada presencia: te agradezco y te amo por todo lo que me concedes. Que sepa yo aprovecharlo y armonizarlo con el plan divino.

Que así sea.

Abundancia

En nuestra sociedad contemporánea, el dinero y los bienes materiales se han vuelto indispensables. Han quedado atrás los tiempos en que las personas de buena voluntad, que deseaban dedicar su vida al estudio de las ciencias divinas, abandonaban la sociedad y se recluían en cuevas o ermitas, alimentándose de lo que la naturaleza les proporcionaba. En la etapa evolutiva actual de nuestro planeta, es necesario que cada persona cuente con alimentos suficientes y de buena calidad, un sitio decoroso para vivir, un medio de transporte, vestido, educación, acceso a los centros de salud, etcétera. Así como nadie puede dar amor si no se ama a sí mismo, en el plano material nadie puede ayudar a los pobres, apoyar las buenas obras, adquirir buenos libros para su formación espiritual, etcétera, si antes no se procura a sí mismo y a su familia los medios necesarios para subsistir.

Hemos visto también que la autoestima, lejos de ser pecaminosa o negativa, es un medio para nuestra evolución personal y planetaria. No obstante, para algunas personas, el hecho de pedir al Padre que les ayude a generar abundancia en su entorno es una muestra condenable de egoísmo y materialismo. Nada más lejos de la verdad. Si te amas a ti mismo y a los demás, desearás procurarte buenos alimentos que te mantengan sano para poder ayudar a tus hermanos; desearás vivir en una casa agradable donde tú y tu familia se sientan seguros y a gusto; desearás estudiar y leer libros que te hagan crecer espiritualmente y ser una mejor persona; desearás, en fin, llevar una buena vida para poder servir mejor a los demás.

Es importante observar que, al hablar de abundancia, también nos referimos a la abundancia de bienes espirituales.

Como nos enseña el Maestro Jesús en la parábola de los talentos (Mateo 25:15-29), si somos fieles en lo poco, es decir, en el plano material, seremos fieles en lo mucho, o sea, en el ámbito espiritual. Los bienes materiales son una plataforma sobre la cual debemos apoyarnos para alcanzar el bien verdadero. Si los convertimos en un fin en sí mismos, estamos actuando en contra de la armonía universal. Teniendo esto en mente, en el presente capítulo aprenderemos cómo obtener la abundancia material y espiritual que el Padre celestial ha preparado para nosotros.

Cómo pedir la abundancia

El Padre Eterno, en su infinita bondad, desea otorgarnos dones materiales y espirituales a manos llenas. Nos lo dice el arcángel Uriel, guardián del Sexto Rayo: "El Padre de amor os concede a vosotros, sus hijos amados, el suministro ilimitado de todo bien que podáis requerir para vuestro desarrollo y vuestra feliz evolución". De hecho, tales bienes espirituales y materiales ya son nuestros, únicamente debemos pedirlos. Es muy importante saber pedir adecuadamente porque, como dice la sabiduría popular, "en el pedir está el dar". Para pedir adecuadamente, es necesario aplicar todos los conocimientos que hemos adquirido en los capítulos anteriores. Una buena petición debe hacerse en armonía, en paz y con amor. A continuación veremos con detalle cada uno de estos elementos.

Pedir en armonía

Si nuestro cuerpo y nuestra mente están en armonía con la vibración universal, nuestras peticiones hallarán eco en la Mente

Divina. Por ello es necesario que permanezcamos armonizados en todo momento y que, al pedir, lo hagamos en un estado de relajación profunda. Como hemos visto, este estado permite a nuestro inconsciente asimilar mejor nuestros decretos, afirmaciones y oraciones, al tiempo que éstos entran en armonía con la vibración del Universo. En el capítulo 3 se describe el método para alcanzar el estado de relajación profunda, y en el capítulo 4 te presentamos varias afirmaciones y decretos para relajarte durante el día.

Es importante que sepas que los pensamientos inarmónicos interfieren con nuestras peticiones de la misma manera en que las frecuencias producidas por ciertos aparatos eléctricos interfieren con la recepción de las ondas de radio. Si al hacer tus peticiones tu cuerpo y tu mente no están relajados, esto impedirá el libre flujo energético de tu petición, lo que dificultará en gran medida que ésta se materialice. Así, es necesario que dediques un momento, aunque sea breve, exclusivamente a realizar tus peticiones. Como ya lo mencionamos en capítulos anteriores, puedes encender velas aromáticas o incienso, colocar cuarzos o cristales y mostrar la imagen del Maestro Ascendido que te inspire mayor devoción. Esto te ayudará a armonizarte con la Mente Universal a quien estás dirigiendo tus peticiones.

Pedir en paz

En ocasiones solemos pedir con desesperación y con ansiedad, sin estar realmente seguros de que obtendremos lo que le estamos solicitando a nuestro Padre celestial. Es necesario que pidamos con la entera convicción de que obtendremos aquello que necesitamos. Esta confianza sólo puede derivarse del conocimiento, es decir, del saber. Debemos estar plenamente convencidos de que el Padre desea concedernos aquello que le estamos pidiendo. La siguiente es una afirmación para lograr esta convicción:

Yo sé que el Padre eterno, en su infinita bondad, desea concederme esto que le estoy pidiendo.

Si no tenemos esta confianza inquebrantable en la bondad infinita de Dios, nuestras peticiones se verán perturbadas por la duda y el temor. También en este caso es muy importante tranquilizar nuestra mente y nuestro cuerpo según las técnicas descritas en los capítulos 3 y 4.

Otro elemento importante para pedir en paz es convencernos de que todo cuanto ocurre forma parte del Plan Divino. Si actualmente tenemos alguna carencia, debemos pensar que el Padre eterno ha permitido que así sea para poder mostrarnos su infinita bondad al satisfacerla, y para que nosotros ejercitemos nuestro poder de petición. De igual manera, si hemos hecho nuestra petición de manera confiada, en paz, en armonía y con amor, pero aún no hemos visto resultados, esto se debe a que Dios está esperando el momento más propicio para concedernos lo que le pedimos. En esta seguridad radica la verdadera paz y confianza en la voluntad divina.

Pedir con amor

Es necesario estar conscientes de que todo el Universo obedece al mandato del amor. Lo ha dicho el Maestro Saint Germain: "Todo lo que yo desee se manifiesta cuando lo ordeno por amor". Por esta razón, es necesario que todas nuestras peticiones estén motivadas por el amor a nosotros mismos, a nuestros semejantes y al Padre celestial. Si carecemos de una verdadera autoestima, será imposible obtener lo que deseamos porque, en lo profundo de nuestra mente, creemos que somos demasiado insignificantes como para merecerlo. Asimismo, si nuestras peticiones están motivadas por un sentimiento o pensamiento negativo hacia nuestros semejantes, es muy poco probable que Dios, que es bondad infinita, nos las conceda, pues si lo hace, estaría negándose a sí mismo. Recuerda que Dios es el bien absoluto, por lo que no puede producir más que bien.

Por su parte, el amor a Dios también implica confianza: no podemos confiar en alguien a quien no amamos ni amar a alguien en quien no confiamos. Por esa razón, si de verdad amamos al Padre eterno, debemos pedirle con entera confianza en su sabiduría infinita, sin dudar ni un ápice que nos concederá aquello que le pedimos porque nos ama con un amor infinito.

Merecimiento

Como señalamos en el apartado anterior, en ocasiones nuestra autoestima es tan baja que no creemos merecer lo que pedimos. Sin embargo, debemos estar plenamente conscientes de nuestro valor y de nuestra importancia como hijos del Altísimo y como elementos indispensables e insustituibles del Plan Divino. Dios nos ama como hijos suyos y está ansioso por vernos prósperos y felices. Si crees que tu baja autoestima te impide realizar peticiones adecuadas, repasa el capítulo anterior y realiza las afirmaciones y decretos que se mencionan en él. Verás cómo te ayudarán a adquirir conciencia de tu importancia y de tu grandeza. El siguiente es un decreto de merecimiento que también te servirá para lograr este objetivo:

Yo soy hijo del Altísimo, y como tal, yo soy merecedor de todo lo bueno. Merezco una mente despejada y un cuerpo sano. Merezco una vida próspera y feliz. Merezco relaciones interpersonales de calidad. Merezco la oportunidad de desarrollar todo mi potencial. Merezco amor, paz, armonía y abundancia. Merezco lo mejor que la vida puede darme. Yo decreto todo lo anterior para que se cumpla aquí y ahora.

Decretos y afirmaciones de abundancia

En esta sección te presentamos una serie de decretos y afirmaciones para pedir a Dios la abundancia de bienes materiales y espirituales que te corresponde como hijo del Altísimo.

Pedid y recibiréis

Esta afirmación del Maestro Jesús nos sirve como introducción a uno de los ejercicios metafísicos clásicos para crear abundancia. Dicho ejercicio es el siguiente:

1. Anota en orden de importancia todo aquello que deseas, por ejemplo:

- Cambiar de trabajo.
- Una casa más grande.
- Un automóvil, etcétera.

No pongas límites a lo que pides, si lo haces, implícitamente estás diciendo que no lo mereces y, por lo mismo, será más difícil que te sea concedido.

2. Lee tu lista todos los días al despertar y antes de dormir, pues es cuando tu mente se encuentra en el "estado alfa" del que hablamos en el capítulo 3, por lo que es más receptiva a tus

sugerencias y se encuentra mejor armonizada con la vibración universal.

3. Piensa a menudo en las cosas que están en tu lista. Visualízate disfrutando de ellas. Por ejemplo, puedes imaginarte trabajando en un empleo que te satisfaga profesional y económicamente, habitando la casa de tus sueños con amplias habitaciones, alberca, jardín, etcétera, y con un bonito automóvil a la puerta. Cuantos más detalles visualices, mejor será para la realización de tu petición.

4. Al terminar de leer tu lista y cuando te visualices disfrutando de tus peticiones, agradece a la Divina Presencia por habértelo concedido aunque aún no lo recibas. Di, por ejemplo: "Gracias, Señor, por haber decretado que mi petición sea atendida".

5. Es muy importante que no muestres tu lista a nadie, ni siquiera a tu pareja o a tus hijos, ya que al hacerlo, la energía de tu pensamiento se diluye en lugar de centrarse en la consecución de tus objetivos. Asimismo, es probable que te hagan sugerencias o que te propongan agregar más cosas o modificar las que ya has anotado, con lo que te harán dudar de tus elecciones.

6. Si con el paso del tiempo surgen dudas en tu mente, repite los primeros pasos del proceso.

7. Ve tachando de tu lista aquellas cosas que vayas obteniendo. Agrega nuevos elementos si lo consideras necesario.

8. No racionalices ni trates de investigar cómo ni de dónde han surgido las cosas que deseabas y que te han sido concedidas. Limítate a disfrutarlas y agradece a Dios por ellas.

El ejercicio anterior es sumamente eficaz pues utiliza juiciosamente los Siete Principios Metafísicos y el poder de la mente para conseguir lo que necesitamos.

Decreto de petición

Éste también es un decreto clásico de la literatura metafísica. Puedes utilizarlo para solicitar cualquier cosa que necesites, siempre que sea con amor, paz y armonía.

Yo decreto que (aquí puedes hacer tu petición) me sea concedido en armonía con el Universo y en concordancia con la voluntad divina. Que mi decreto se cumpla aquí y ahora de manera perfecta. Gracias, Padre, por dar la orden de que este decreto se cumpla cabalmente.

Decretos de abundancia

El siguiente decreto hace uso de la idea del merecimiento y de la armonía y pertenencia al Plan Divino.

Yo obtengo la prosperidad del Universo porque soy una parte indispensable de él y, como tal, yo merezco ser feliz y próspero. Yo tengo acceso irrestricto a la fuente de riqueza inagotable. Aquí y ahora mi vida es plena, venturosa y perfecta. Yo decreto lo anterior como hijo del Altísimo. Que así sea.

El siguiente es otro decreto de abundancia en el que se invoca a la diosa Fortuna.

En el nombre de la amada, poderosa y victoriosa Presencia Divina, amada Fortuna, diosa de la provisión y madre del mundo, yo decreto:

Fortuna, diosa de la provisión, desde la riqueza de Dios en el cielo, libera todos los tesoros del sol y confiere a todos aquellos cuyos corazones laten con la luz divina, el poder de atraer desde el reino celestial la abundancia de Dios para expandir el plan que los Maestros Ascendidos han asignado a cada persona.

Armoniza aquí y ahora nuestra conciencia contigo; expande nuestra visión para que aquí y ahora veamos que la abundancia es posible para todos aquellos que se vuelven hacia la Divina Presencia y hacen el llamado.

Yo decreto y ordeno abundante maná de la mano de Dios, para que la humanidad exprese el Amor Divino de acuerdo con el Principio de Correspondencia: "Como es arriba, así es abajo".

Oración para conseguir trabajo

Una de las situaciones más angustiantes para cualquier persona es el desempleo. Esta condición provoca disgustos familiares, ansiedad y baja autoestima en quien la padece y en su familia. La siguiente es una oración de petición para conseguir empleo:

Divina Presencia

Tu santa voluntad es que toda persona posea los medios de subsistencia necesarios para adorarte y servir a sus hermanos.

Yo sé que has dado la orden de que me sea concedido un empleo donde pueda glorificarte y ser útil a mi prójimo, al tiempo que obtengo los ingresos necesarios para que mi familia y yo podamos vivir con dignidad y abundancia. Nada ni nadie puede interponerse entre mí y el empleo que me tienes reservado, ya que éste proviene directamente de tus santas manos.

*Deseo cumplir tu sagrada voluntad sirviendo a mis herma-
nos y haciendo aquello para lo que estoy capacitado. Ésta es
mi misión y mi parte en tu Plan Divino.*

*Te agradezco, ¡Oh Padre de bondad!, por haber dado la
orden de que me sea proporcionado un trabajo donde pueda
crecer como persona y servir a Ti y a mi prójimo. Que así sea.*

Afirmación para incrementar los ingresos

En ocasiones, los ingresos que percibimos pueden ser insufi-
cientes para sufragar todos nuestros gastos. También es posible
que requiramos un poco más de dinero para alguna emergencia,
para ir construyendo un patrimonio o para pagarnos alguna
actividad provechosa. La siguiente afirmación te será útil para
conseguir este objetivo.

*En este día, yo, como hijo del Altísimo, decreto que me sea
concedido un aumento en mis ingresos para darme a mí mismo
y a mi familia una vida más plena y desahogada, y para servir
mejor a Dios y a mi prójimo. Que así sea.*

Afirmación para obtener una casa

Un buen lugar para vivir es indispensable para llevar una vida
plena y tranquila. Mediante esta afirmación tú puedes conseguir
una nueva vivienda más acorde a tus necesidades:

*En este día, yo, como hijo del Altísimo, decreto que me sea concedida una
casa donde mi familia y yo podamos vivir de manera digna, tranquila
y feliz. Yo decreto que esta nueva casa será desde hoy y para siempre
un reflejo fiel de la morada celestial, un lugar donde reine la paz, la
armonía y el amor. Que así sea.*

Afirmación para obtener un automóvil

Dadas las grandes distancias que hay en nuestras ciudades, un automóvil es prácticamente indispensable para trasladarnos al trabajo y al hogar, visitar a nuestros familiares, etcétera. Si eres médico, enfermera o servidor público, tu necesidad de un medio de transporte es aún mayor. Esta afirmación te servirá para pedir un automóvil a la Divina Presencia.

La Divina Presencia ordena que me sea concedido un medio de transporte que satisfaga mis necesidades y las de mi familia. Yo decreto que este transporte será seguro para mí y los míos, para los otros automovilistas y para los transeúntes, y que siempre será utilizado para mayor gloria de Dios. Que así sea.

Afirmaciones para obtener dones espirituales

Dios no sólo está ansioso de concedernos todos los bienes materiales que le pidamos amorosamente; también desea darnos sus dones espirituales. La siguiente afirmación nos ayuda a obtener estos bienes superiores:

La inteligencia divina me concede:
- Armonía para que todos mis actos estén en concordancia con su santa voluntad.
- Paz para vivir tranquilo y feliz.
- Amor para amarme a mí mismo, a mi familia y amigos, y al Universo entero.

Otra manera de solicitar a la Divina Presencia la abundancia de dones espirituales es esta famosa oración:

Señor: Dame paciencia para aceptar las cosas que no puedo cambiar; dame valor para cambiar las que sí puedo y dame sabiduría para reconocer la diferencia.

Consideraciones finales

Para concluir este capítulo, vale la pena insistir en que la abundancia no sólo se refiere a los dones materiales sino, sobre todo, a los espirituales. Nuestro cuerpo material es como una plataforma de lanzamiento, mientras que nuestros cuerpos sutiles son el "cohete" que habrá de llevarnos al siguiente plano de nuestra evolución.

Si nos centramos únicamente en el cuerpo físico y en la satisfacción de sus necesidades, estaremos desperdiciando la maravillosa oportunidad de perfeccionarnos y de avanzar a la siguiente etapa evolutiva. Asimismo, si no trabajamos para incrementar nuestros dones espirituales y nos centramos únicamente en nuestras necesidades materiales, iremos retrocediendo en nuestra evolución, acarreando karma negativo, que nos costará mucho trabajo eliminar. En cambio, si utilizamos la abundancia material para obtener más dones espirituales, "mucho se nos dará y aún nos sobrará" (Mateo 25:29) pues, como hemos dicho, lo semejante atrae a lo semejante.

También es muy importante agradecer a la Divina Presencia por todo aquello que nos concede, ya sea en el plano material o en el espiritual. La gratitud es una muestra de amor a la divinidad, y, por lo mismo, genera más amor de ésta hacia nosotros.

Esperamos que estas reflexiones te resulten útiles para lograr la prosperidad y la abundancia en tu vida material y espiritual.

Conclusiones

·

Apreciado discípulo de los Maestros Ascendidos:

Tienes en tus manos un compendio de las Siete Leyes Universales y de la manera en que puedes aplicarlas en tu vida. Deseamos sinceramente que te sea útil para tu evolución y tu desarrollo espiritual.

Te recomendamos que lo releas con frecuencia. Verás que cada vez que lo abras, nuevos conocimientos te serán revelados.

Llévalo siempre contigo y hojéalo mientras viajas en el autobús, en la sala de espera del dentista, en la fila del banco o en cualquier momento libre que tengas.

Todo el tiempo que inviertas en su lectura estará bien empleado. Te sugerimos especialmente que repases los Siete Principios o Leyes Cósmicas. Al hacerlo, pide a tu Maestro interno que te ayude a asimilar profundamente el contenido de estos principios. De esa manera, tu aprendizaje se verá enriquecido en gran medida.

Por otra parte, debes recordar que todas las afirmaciones, decretos y oraciones que te presentamos son sólo ejemplos de las muchas maneras que existen para hablar con la Mente Universal. Recuerda que, como hijo del Altísimo, te corresponde el derecho de afirmar y decretar como mejor te parezca. Escucha a tu Maestro interno: él pondrá en tu mente los pensamientos correctos y en tu boca las palabras adecuadas.

Una última recomendación: no creas nada de lo que has leído hasta el momento en este libro. Así es: no creas nada. Experiméntalo. Vívelo. La Nueva Era es una época de cambio. Debemos dejar de creer para empezar a saber y a experimentar.

Si no lo hacemos, viviremos atados a un pasado que ya no tiene razón de ser. Permaneceremos en una etapa de evolución inferior a la que nos corresponde.

Te deseamos un gran éxito en tu estudio de las Leyes Universales, y que la Magna Presencia te acompañe en todo momento.